Melanie Huber

Walter Lübeck

# Das Pendel Handbuch

Alles, was man zum
richtigen Pendeln wissen muß
Mit vielen praktischen Tips

WINDPFERD
Verlagsgesellschaft mbH.

**Besonderer Hinweis**

Die in diesem Buch vorgestellten Informationen und Übungen sind sorgfältig recherchiert und wurden nach bestem Wissen und Gewissen weitergegeben. Dennoch übernehmen Verlag und Autor keinerlei Haftung für Schäden irgendeiner Art, die direkt oder indirekt aus der Anwendung oder Verwertung der Angaben in diesem Buch entstehen.

11. Auflage 2004

Umschlaggestaltung: Wolfgang Jünemann
unter Verwendung einer Illustration von Peter Ehrhardt
(Pendeltafel) und Roland Tietsch (Frau und Mann)
Gesamtherstellung: Schneelöwe, Aitrang
ISBN 3-89385-093-7

Printed in Germany

# Inhaltsverzeichnis

# Verzeichnis der Pendeltafeln

# Einleitung

Das Pendel ist mir seit vielen Jahren ein guter Freund und Helfer bei meinen Entdeckungsreisen in die spirituelle Welt mit ihren vielen verschiedenartigen Energien. Wie viele andere und vielleicht auch Du, der Du diese Zeilen gerade liest, habe ich mich oft gefragt, wie und warum es wohl so oft funktioniert und warum manchmal nicht, warum manche Menschen es können und sich bei anderen das Pendel wie festgefroren verhält. Eine Menge Bücher über den Umgang mit dem Pendel fanden deshalb ihren Weg aus dem Buchladen auf meinen Nachttisch und lange Stunden interessanter Gespräche mit Pendelprofis und Radiästhesisten, das sind Leute, die sich mit Theorie und Praxis von Pendeln, Wünschelrutengehen und verwandten Bereichen beschäftigen, bereicherten mein Wissen in diesem Gebiet, ohne mir jedoch wirklich schlüssige Regeln für das "wie" und "warum" der Pendelei geben zu können.
Nachdem ich später in den 2. Reiki-Grad eingeweiht worden war und in der darauffolgenden Zeit viel mit den phantastischen Möglichkeiten dieser Methode der fortgeschrittenen Energiearbeit experimentierte, fügte sich schnell eins zum anderen und ich verstand, was das Pendeln funktionieren läßt, wo seine Möglichkeiten und Grenzen liegen und wie auch Menschen, bei denen das Pendeln erst einmal nicht klappt, diese Fähigkeit wiederfinden können. Da es meines Wissens zur Zeit kein Buch gibt, das diese Zusammenhänge schlüssig und auch für den Anfänger verständlich darstellt, habe ich mich entschlossen, eines zu schreiben. Pendeln und die Gründe, warum und wie es funktioniert, sind meiner Ansicht nach zu wichtig, als daß sie nur im kleinen Kreis der "Eingeweihten" bekannt sein sollten.

Wenn Du mit dem vorliegenden Buch auf Entdeckungsreisen in das Land der Energien gehst, empfiehlt es sich nach meiner Erfahrung, immer wieder ganz grundlegende Übungen zu machen, um die eigenen Fähigkeiten zu erweitern und zu überprüfen. Deshalb solltest Du auch als "alter Pendelhase" nicht gleich die einführenden Kapitel überblättern. Es ist zwar eine Art ABC, allerdings sind auch viele wichtige Dinge dabei, die Dir weiterhelfen können und die Du möglicherweise sonst noch nirgends mitbekommen hast.

Ich habe viele in der täglichen Praxis erprobte Pendeltafeln mit Erklärungen und weiterführenden Literaturverweisen in dieses Buch übernommen, damit Du nicht noch einmal "das Rad erfinden mußt". Du kannst also gleich loslegen, wenn Du möchtest. Falls Du gerne eigene Tafeln erstellen und verwenden möchtest, findest Du in einem besonderen Kapitel eine Anleitung, wie Du sie am besten aufbaust und mit größtem Nutzen verwenden kannst.

Je mehr Du mit dem Pendel arbeitest, desto wichtiger werden die theoretischen Hintergründe. Ohne sie kannst Du eine umfassende und wirklich tiefgreifende Pendelarbeit kaum durchführen. Mir selbst fällt es immer schwer, Theoretisches auswendigzulernen. Wenn es Dir ebenso geht, sieh einfach immer nur dann, wenn Du nicht mehr richtig weiterweißt, in die Theoriekapitel. Vielleicht findest Du die Geschichten darin dann doch so spannend, daß Du gleich weiterliest ...

So, und nun will ich Dich nicht länger vom Pendeln abhalten! Pack das Pendel aus und leg los!

Viel Spaß dabei wünscht Dir Dein

Walter Lübeck

1. Kapitel

# Grundbegriffe des Pendelns

Laß uns beim ABC anfangen und erst einmal einige grundsätzliche Sachverhalte klären. So zum Beispiel:

## Was ist Pendeln und wie funktioniert es?

Als Pendeln wird im Bereich der Radiästhesie der Ausdruck feinstofflich-energetischer Wahrnehmungen mittels eines mit der Hand gehaltenen Pendels, d. h. einer flexiblen Verbindung (Faden, Kette o. ä.), an der ein beschwerender Gegenstand (Maurerlot, Nagelspitze, Kristall usw.) befestigt ist, bezeichnet. Im Klartext: Wenn Du Dein Halskettchen mit dem Bergkristallanhänger an einem Ende anfaßt und der Bergkristall unten hängt, hast Du ein Pendel.

Pendeln funktioniert, weil Dein Körper hochsensible Sinne hat, die auf der feinstofflichen Ebene ständig eine Menge Informationen aufnehmen, die an Dein Unterbewußtsein weitergeleitet und mittels feiner, unbewußter Reaktionen der Muskulatur als Schwingungen des Pendels an Dein Bewußtsein übermittelt werden können. Das eigentlich Tolle an der ganzen Sache ist also nicht so sehr die - zugegeben eindrucksvolle - Schwingung des Pendels in Deiner Hand, sondern Dein Körper, der die Möglichkeiten hat, die vielen feinstofflichen Schwingungen wahrzunehmen und so differenzierte Reaktionen in der Muskulatur zu bewirken. Vielleicht taucht bei Dir jetzt die Frage auf, warum dann überhaupt ein Pendel nötig ist und ob die Sache nicht auch so funktioniert. Und Deine Idee stimmt - es geht wirklich ohne! Allerdings ist dazu einiges an Bewußtwerdungsprozessen, Ausbildung und Übung nötig.[1]

Laß uns in diesem Buch aber die Dinge möglichst simpel halten und mit dem wunderbaren Instrument Pendel arbeiten lernen, das Dir ein guter Begleiter auf Deinen Entdeckungsreisen in die Welt der feinstofflichen Energien und ein wichtiger Berater bei den Problemen des Alltags sein kann.

## Womit pendeln?

Pendel kannst Du heute in vielen esoterischen Buchläden und im Versandhandel in Hunderten von Formen bekommen. Laß Dich nicht von Silberkörbchen, Goldauflagen, besonderen Kristallen und dergleichen, die oft als besonders geeignet angepriesen werden, verwirren. Es ist nicht alles Gold, was glänzt, und auch nicht alles sinnvoll, was teuer und ausgefallen ist. Ich habe während meiner langen "Pendellaufbahn" sowohl mit gekauften Messing-, Silber-, Gold- und Kristallpendeln in den unterschiedlichsten Formen, als auch mit selbstgebastelten Pendeln, deren Pendelkörper aus abgesägten Nagelspitzen, Holzstücken verschiedenster Art, Schraubenmuttern, Schrauben, Kieselsteinen und dergleichen bestanden, gearbeitet. Alle funktionierten gleich gut, solange die Pendelkörper halbwegs rotationssymmetrisch waren und ich vernünftig damit umging. In manchen Situationen brauchte ich unbedingt die Auskunft eines Pendels und hatte aber leider keines bei mir. Oft halfen mir dann "Notpendel", wie Badebürsten mit Aufhängeschlaufe, Schlüsselbunde, Halskettchen mit Anhänger, an Zwirnsfäden gebundene Schlüssel, Nägel oder dicke Büroklammern. Das nur als Beispiel, um es Dir zu erleichtern, Dich von Vorurteilen

---

[1] Näheres dazu kannst Du in einem meiner Bücher, dem "Aura-Heilbuch" nachlesen, erschienen im Windpferd Verlag.

bezüglich der Eignung bestimmter Gegenstände als Pendel zu befreien, soweit Du solche hast.

Es gibt im Grunde nur fünf Kriterien für ein gutes Pendel:

a) Es ist eine flexible Verbindung (Seiden- oder Baumwollfaden; besser ein dünnes Metallkettchen, weil haltbarer) von ca. 20 cm Länge notwendig.[1]

b) An der flexiblen Verbindung muß ein rotationssymmetrischer Pendelkörper befestigt sein, der möglichst unten angespitzt sein sollte, um genau, vor allem mit Pendeltafeln, damit arbeiten zu können. Für die Feststellung reiner Schwingungsmuster (z. B. Ja/Nein; Yin/Yang) sind auch nicht ganz rotationssymetrische Gegenstände durchaus geeignet.

c) Die Befestigung der flexiblen Verbindung an dem Pendelkörper sollte oben mittig vorgenommen werden, um ihn frei und ohne Taumeln schwingen lassen zu können.

d) Der Pendelkörper sollte etwa zwischen 10 und 40 Gramm wiegen. Je leichter er ist, desto besser spricht er an, ist deswegen aber auch sehr instabil in seinen Schwingungen und mitunter schwer abzulesen. Je schwerer er ist, desto träger reagiert er, hat deswegen aber auch den Vorteil, sich gut und genau ablesen zu lassen. Probiere einfach verschiedene Gewichte aus und wähle daraus das für Dich angenehmste.

e) Du solltest Dein Pendel mögen! Das heißt, es sollte Dir Spaß machen, es anzuschauen und mit ihm umzugehen.

Die unter a) bis d) aufgeführten Bedingungen sind im Grunde rein mechanisch-physikalischer Art. Sie sind wichtig, damit Du genau genug und sicher mit Deinem Pendel arbeiten kannst. Trotzdem ist die letzte, unter e) aufgeführte Bedingung die wichtigste von

---

[1] Die Länge der Verbindung sollte sich letztendlich danach richten, ob Du Dich damit wohlfühlst. Es gibt kein für jeden optimales Standardmaß.

allen! Wenn nämlich Dein *Inneres Kind*, die Ebene Deiner Persönlichkeit, die Zugang zu den feinstofflich-energetischen Schwingungen hat und diese in Pendelbewegungen umsetzt, das Pendel nicht mag, wird es meist nur widerwillig und "bockig" damit arbeiten. Achte also in erster Linie bei der Auswahl Deines "Arbeitswerkzeuges" darauf, ob Dein *Inneres Kind* "Oh! Wie schön!" ruft, wenn Du damit umgehst. Aus diesem Grund würde ich auch ein Pendel nicht unbedingt über einen Versandhandel besorgen wollen, wenn ich nicht vorher Gelegenheit gehabt hätte, es in der Hand zu halten und auszuprobieren.

Wenn Du Spaß am Basteln hast, kannst Du Dir natürlich auch selber ein Pendel nach Deinen speziellen Vorstellungen bauen. Als flexible Verbindung eignet sich besonders gut ein nicht zu massives Kettchen, an dessen einem Ende Du einen Schlüsselring einhaken können solltest. Dieser Ring muß so groß sein, daß Du ihn ohne Schwierigkeiten auch über Deinen dicksten Finger schieben kannst. So kannst Du Dein Pendel sicher und bequem halten. Dies ist wichtig, da manche Pendelschwingungen, gerade über starken Energiefeldern, so viel Dynamik entwickeln können, daß Dir Dein Instrument geradezu aus den Fingern gerissen wird, wenn es nicht gut befestigt ist. An dem anderen Ende des Kettchens hakst Du einen weiteren, aber viel kleineren Schlüsselring ein, an dem Du den Pendelkörper befestigen kannst. Schau dann zum Beispiel mal in Geschäften herum, die Kristallanhänger führen, ob Du eine kleine Bergkristallspitze oder etwas ähnliches findest, das Du gern als Pendelkörper für Dein Instrument haben möchtest. Natürlich kannst Du Dir auch mehrere Pendelkörper für verschiedene Zwecke anschaffen und je nach Anwendung in den Schlüsselring einhaken. Wenn Du mit Pendeltafeln arbeiten möchtest, ist es beispielsweise sinnvoll, einen Pendelkörper mit einer Spitze zu haben, damit Du genaue Auskünfte bekommen kannst. Möchtest Du aber "nur" Schwingungsmuster feststellen, brauchst Du im allgemeinen keine Spitze und kannst auch andere Kristallformen verwenden.

Wenn Du einen Metallgegenstand als Pendelkörper haben möchtest, eignet sich gut die abgesägte Spitze eines dicken Zimmermannsnagels, durch die Du am oberen Ende ein Loch bohren solltest, das groß genug ist, um den kleineren Schlüsselring einhaken zu können. Natürlich kannst Du Dir auch in einer Klempnerei aus einem Stück beliebigen Metalls einen Pendelkörper nach Deinen Vorstellungen auf einer Drehbank anfertigen lassen. Das kostet zwar ein bißchen was, ist im allgemeinen aber durchaus erschwinglich, und Du hast dann einen Pendelkörper, der wirklich genau Deinen Wünschen entspricht.

Wahrscheinlich geht es Dir nach einiger Zeit so wie beinahe allen leidenschaftlichen Pendlern, die ich kenne - Du wirst zu Hause eine ständig wachsende Sammlung von allen möglichen Pendeln haben, weil Du immer wieder ein schönes neues findest, das Du eigentlich gebrauchen könntest - und wenn es nur zum Anschauen ist. Das ist eben der Spieltrieb des *Inneren Kindes*!

## Wie Du ein Pendel halten solltest

Nun ganz einfach: Ein Pendel sollte so gehalten werden, daß es frei und ungehindert schwingen kann und Dir nicht aus der Hand fliegt, wenn Du über einem starken Energiefeld pendelst. Daß besondere Handhaltungen nötig sind, um gut und unbeeinflußt pendeln zu können, gehört nach meiner Erfahrung in das Reich der Fabel. Wer sich auf so eine Meinung festgelegt hat, wird aber natürlich entsprechende Reaktionen bekommen. Also leg Dich nicht darauf fest, damit Du mehr Freiheiten beim Pendeln hast.

## Rahmenbedingungen für erfolgreiches Pendeln

Ähnlich steht es mit den Rahmenbedingungen. Es ist weder notwendig, sich nach einer bestimmten Himmelsrichtung auszurichten, noch vorher besondere Übungen zu machen oder nur Tische ohne Metallteile als Unterlage für Pendeltafeln zu verwenden. Dein Körper und Dein *Inneres Kind* sind flexibel - sei Du es auch und mach ihnen nicht mit irgendwelchen Dogmen das Leben schwer. Es pendelt sich allerdings im allgemeinen besser, wenn Du nicht zu sehr gestreßt, übermüdet oder von dem Thema, um das es geht, gefühlsmäßig stark berührt bist. Außerdem solltest Du Dich soweit wie möglich von vorgefaßten Meinungen freimachen und einige Grundregeln für die Geisteshaltung beim Pendeln beherzigen, die ich am Ende dieses Kapitels noch näher erläutern werde.

## Pendeln und die drei Ebenen der Persönlichkeit

Etwas näher möchte ich noch auf die Bedeutung der drei wesentlichen Ebenen der Persönlichkeit, und was sie mit dem Pendeln zu tun haben, eingehen. Diese drei Bereiche nenne ich: a) das *Innere Kind*; b) das *Mittlere Selbst* und c) das *Hohe Selbst*. Heute herrscht leider einige Verwirrung in bezug auf diese Begriffe und deswegen versuche ich, das Chaos ein wenig zu ordnen. Wenn Du die Aufgabenbereiche dieser drei Ebenen der Persönlichkeit besser verstehst, kannst Du Dir auch leichter erklären, was beim Pendeln wie funktioniert und was nicht.

Das *Innere Kind* ist ein Teilbereich der menschlichen Persönlichkeit, der in der magisch-mystischen Welt der feinstofflichen Energien geradezu zu Hause ist. Durch besondere, in diesem Bereich arbeitende Sinne hat es eine direkte Verbindung zu dem “Rest der Welt”, zu verkörperlichten und nichtverkörperlichten Wesen, Pflanzen, Tieren, Mineralien (auch diese sind auf ihre Art sehr lebendig, obwohl die Wissenschaft heute noch nichts davon weiß!) und natürlich zu anderen Menschen. Diese Sinne sind in unseren Breiten seit vielen Hunderten von Jahren immer mehr ignoriert und sogar systematisch unterdrückt worden. Denk nur an die von den christlichen Kirchen organisierten und noch bis in das letzte Jahrhundert andauernden Hexenjagden. Deswegen haben wir heute praktisch kaum noch Worte, um die Empfindungen, die sie uns vermitteln, auszudrücken. Meistens hören wir sowieso über ihre Botschaften hinweg, da sie uns zu "unlogisch" und zu wenig unseren "modernen" Auffassungen vom Leben zu entsprechen scheinen. Es stimmt sogar: Diese Sinne arbeiten unlogisch - ihre Arbeitsweise ist nicht analytisch, sondern synthetisch. Sie zerlegen die Welt nicht in winzig kleine unzusammenhängende Einzelteile, sondern lassen sie, wie sie ist - nämlich ganz! Unser *Inneres Kind* kommt mit dieser Art der Weltsicht bestens zurecht, weil es ganz genauso strukturiert ist. Nur unser armer Verstand, der in einem anderen Teil der Persönlichkeit, dem *Mittleren Selbst*, angesiedelt ist, hat damit so seine Probleme. Er ist nun mal als Kontrapunkt und Ergänzung zum *Inneren Kind* stark analytisch orientiert. Um es einfach auszudrücken: Das *Innere Kind* freut sich, wenn es Vanille-Eis mit Himbeeren gibt und ißt das Zeug mit Wohlbehagen - wenn es Appetit darauf hat! Der Verstand als herausragender Bestandteil des *Mittleren Selbst* will erst mal wissen, aus welchen Bestandteilen diese Speise sich eigentlich zusammensetzt und ob irgendein anerkannter Wissenschaftler der Ansicht ist, diese wären der Gesundheit zuträglich. Wenn dem so ist, wird der vom *Mittleren Selbst* dominierte Mensch sich das Eis auch dann reinwürgen, wenn ihm dabei fast schlecht wird. Denn es ist ja anerkanntermaßen gesund - meint er.

Was, Du kennst solche Verhaltensweisen?! Na ja, kein Wunder, denn heute sind bei uns in den sogenannten zivilisierten Ländern die meisten Menschen vom *Mittleren Selbst* in ihrem Verhalten bestimmt. Deswegen tun wir uns auch mit dem Pendeln im Gegensatz zu den Naturvölkern, die mehr von dem *Inneren Kind* bestimmt werden, so schwer. Wir müssen, um unsere feinstofflichen Sinne wieder entwickeln zu können, die Weltsicht und die Lebensart des *Inneren Kindes* zumindest ab und zu wieder akzeptieren lernen, denn dieser Teil unseres Wesens hat den sinnlichen Zugang zu den feinstofflichen Energien und nicht das *Mittlere Selbst*, das wir meistens gut kennen und auch annehmen können. Das *Innere Kind* hat also eine intensive sinnliche Verbindung zu den feinstofflichen Seinsebenenen. Dementsprechend kommen über seine Sinne auch die Empfindungen, die über die Muskeln in Pendelbewegungen umgesetzt werden. Es ist nun für unsere Zwecke wichtig, näher in Augenschein zu nehmen, wie und auf welche Art Informationen zum *Mittleren Selbst* weitergegeben werden.

Das *Innere Kind* eines Menschen nimmt über seine Sinne sehr viele Eindrücke aus der feinstofflichen Welt wahr. Nicht alles, wie oft behauptet, da jeder Mensch nun mal unvollkommen ist. Immerhin hat aber jeder etwas andere "blinde Flecken", so daß wir uns gut ergänzen können, wenn wir unsere Unvollkommenheit akzeptieren. Bei den "normalen" Sinnen ist es ja ganz genauso - der eine sieht besser als der andere, zum Beispiel in bezug auf Farben. Er kann noch feinste Nuancen unterscheiden, die ein anderer nicht mehr wahrnimmt. Jemand anders kann seine Augen nicht so gut benutzen, hat dafür aber eine so feine Nase, daß er in der Lage ist, die Bestandteile eines Parfüms am Geruch zu erkennen. Weiterhin werden wie bei allen Sinnen bestimmte Wahrnehmungen hervorgehoben, weil jemand zum Beispiel besonders darauf achtet, und andere unterdrückt, weil die Konzentration bei anderen Dingen ist. Frage während einer Kunstausstellung mehrere Leute danach, was sie alles gesehen haben, und jeder wird Dir eine zumindest etwas andere Auskunft geben. Jeder von ihnen hat eben den Schwerpunkt seiner Aufmerksamkeit bei anderen Themen gehabt. Als letztes und wichtigstes: Selbst wenn zwei Menschen dieselben Dinge wahrnehmen, werden sie sie doch anders interpretieren. Je nach persönlichen Vorurteilen und Interessen, Ängsten und Wünschen, Idealen und Kentnissen, charakterlicher Reife, Erfahrungshintergrund usw. wird jeder eine etwas andere Meinung über dieselbe Theateraufführung, dasselbe Buch etc. haben. Deswegen sind sich Kritiker auch so selten einig. Diese Beispiele habe ich aus dem Alltagsleben gegriffen, das wir alle gut kennen und über das wir reden können. Wir haben jedem bekannte Begriffe dafür.

In der Welt der feinstofflichen Energien, die von dem *Inneren Kind* mit seinen empfindlichen Sinnen wahrgenommen wird, geht es mindestens genauso vielseitig zu, wie in der Dir besser bekannten "anfaßbaren" Welt - nur haben wir keine allgemeinverbindlichen Begriffe dafür und stehen den Wahrnehmungen unserer diesbezüglichen Sinne eher skeptisch gegenüber.
Aus diesen Gründen ergeben sich zwei wesentliche Konsequenzen für Deine Beschäftigung mit der Pendelei:

1) Du bist nicht und wirst niemals unfehlbar im Gebrauch des Pendels sein![1]

2) Je toleranter, offener und aufmerksamer Du bist und je besser Du Deine Pendeltalente und Deine "blinden Flecken" kennst, also die Themen, bei denen Du häufig Fehler beim Pendeln machst, desto sicherer und genauer wirst Du mit dem Pendel arbeiten können.

Nun gibt es ja noch eine dritte Ebene der Persönlichkeit, die ich bisher nicht erwähnt habe: das *Hohe Selbst* . Viele Menschen behaupten heute, sie hätten einen direkten Draht zu ihm und deshalb wären ihre Auskünfte immer richtig. Meiner Ansicht

---

[1] Diese Erkenntnis ist unter seriösen Pendlern übrigens durchaus verbreitet. Kein wirklicher Profi wird behaupten, immer recht zu haben. Wirklich talentierte und erfahrene Pendler kommen bis zu einer Trefferquote von etwa 90 % - mit viel Training!

nach ist so ein Anspruch ziemlich vermessen, und ich möchte Dir auch sagen, wie ich zu diesem Werturteil komme: Das *Hohe Selbst* ist die Instanz in einem Menschen, die über die Einhaltung des Lebensplanes wacht. Es paßt auf, daß Du die Erfahrungen zu den Themen in Deinem Leben machst, die Du Dir vor Deiner derzeitigen Inkarnation, sozusagen als Lehrplan, ausgesucht hast. In diesem Plan ist nicht aufgezeichnet, wann und wie Du eine Erfahrung machst. Diese Freiheiten bleiben jedem Menschen als Geschenk Gottes vorbehalten. Immer wenn Du Dich aber längere Zeit um wichtige Lernprozesse drückst, schlägt Dir Dein *Hohes Selbst* durch "Zufälle" ein paar neue Themen vor. Ergreifst Du diese Chancen rechtzeitig, ist alles in Ordnung. Stellst Du Dich stur, werden die Winke massiver, bis hin zu allen möglichen Schicksalsschlägen. Dein *Hohes Selbst* hilft Dir zwar gern, solltest Du es erreichen und verstehen, beim Erkennen Deiner Aufgaben und gibt Dir auch oft manchen wichtigen Wink. Es liegt jedoch nicht in seinem Aufgabenbereich, Dir oder anderen die Probleme aus dem Wege zu räumen. Oft hat es diese ja selbst verursacht, damit Du endlich mal aufwachst, Dich aufraffst, bestimmte Erfahrungen zu machen und so die Gelegenheit hast, zu lernen und Deine Persönlichkeit zu vervollkommnen. Es ist auch nicht daran interessiert, Dich ständig glücklich und zufrieden zu halten, obwohl es auch nichts dagegen hat, solange Du lernst. Ob Du diesen oder jenen Edelstein brauchst, fällt auch nicht in seinen Aufgabenbereich - für solche Sachen ist das *Innere Kind* mit seinen Wünschen an das Leben und seinem direkten Bezug zur materiellen Ebene zuständig. Die Rolle, die das *Hohe Selbst* beim Pendeln spielt, ist im allgemeinen also denkbar gering. Weiterhin kann nur das *Innere Kind* Verbindung zu ihm aufnehmen, da das *Mittlere Selbst* nicht ganzheitlich strukturiert ist und deswegen gar nicht verstehen kann, was das *Hohe Selbst* ihm mitteilen will - das *Innere Kind* dolmetscht sozusagen -, und außerdem fehlen dem *Mittleren Selbst* die feinstofflich orientierten Sinne, um das *Hohe Selbst* zu erreichen. Alle Informationen, die

## Prozeß der Aufbereitung feinstofflicher Wahrnehmungen durch das Innere Kind für das Mittlere Selbst

**feinstoffliche Wahrnehmungen**

**Inneres Kind**

**Filter**

Vergleich mit Vorurteilen,
Ängsten und Erinnerungen

**Abfrage**

Ist das Mittlere Selbst zu beschäftigt, um hinzufühlen?/
Darf Schwingungsfähigkeit hergestellt werden?

**Abfrage**

Gibt es eine Möglichkeit, dem Mittleren Selbst die feinstoffliche Wahrnehmung verständlich darzustellen?

**Information gelangt in das Bewußtsein**

Die meisten feinstofflichen Wahrnehmungen werden durch diesen Prozeß zurückgehalten

das *Innere Kind* empfängt und an das *Mittlere Selbst* weitergibt, unterliegen aber nunmal den weiter oben beschriebenen Beschränkungen - einmal im Empfang und dann auch noch in der Weitergabe der Informationen (siehe dazu auch die vorhergehende Abbildung).

Menschen bekommen im allgemeinen erst dann eine "Standleitung" zu ihrem *Hohen Selbst*, wenn ihr *Mittleres Selbst* und ihr *Inneres Kind* so weit gereift sind, daß sie viele Bereiche ihres Lebens aus der Liebe, der Energie der Einheit, und nicht aus Machtansprüchen oder Angst heraus gestalten, und dann brauchen sie für den Kontakt auch kein Pendel mehr. Was allerdings häufig vorkommt, ist, daß das *Innere Kind* eines Menschen dem *Mittleren Selbst* gefällig sein möchte und ihm ein äußerst eindrucksvolles "Hohes Selbst" vorspielt, das alle möglichen "Weisheiten" von sich gibt, die den Machtansprüchen, Vorurteilen und Wünschen des *Mittleren Selbst* so weit wie möglich entsprechen. Es wird eben gern gelobt und liebt schöne Spiele. Wenn Du nicht in diese Falle rennen willst, versteife Dich nicht auf einen Kontakt mit Deinem *Hohen Selbst*. Sei diesbezüglich sehr (!) skeptisch. Arbeite besser erst einmal ausführlich an der Harmonisierung und dem Wachstum Deines *Mittleren Selbst* und Deines *Inneren Kindes*. Dann kommt alles andere wie von selbst. Ach ja - ein Tip noch: Orakel, die zufallsbestimmt sind, wie I Ging, Tarot, Runen, Karten der Kraft etc., werden von Deinem *Hohen Selbst* gesteuert. Wenn Du genaue Fragen stellst, wirst Du genaue Antworten erhalten. Ich wünsche Dir, daß Du sie aus der richtigen Perspektive (siehe oben) heraus deutest und verstehst. Diese Art der Erkenntnisarbeit stellt eine gute und meiner Ansicht nach notwendige Ergänzung zur Arbeit mit dem Pendel dar.

**Input**
Möglichkeiten der Wahrnehmung/Sinne

**Output**
Möglichkeiten des Ausdrucks und der Manipulation

## Hohes Selbst

Ebene der relativen Einheit von Raum und Zeit
Aufgaben:Überwachung des Lebensplans/Lebensberatung im ganzheitlichen Sinne/Funktion des Spirituellen Lehrers/Innerer Heiler im ganzheitlichen Sinne

Input: Direkte Wahrnehmung aller Existenzebenen

Output: "Zufälle", zufallsbestimmte Orakel

## Mittleres Selbst

Ebene der Analyse/materiellen Welt
Aufgabengebiet:Problemlösung im "Hier und Jetzt". Rationales Verstehen und Manipulieren der Welt. Zielsetzung für die Zukunft/Verstehen der Vergangenheit. Konstruktive Verwirklichung der Gefühlsenergien. Erstellen unbewußter Denk- und Handlungsmuster zur Erleichterung der Lebensgestaltung

Input: Alle "normalen" Sinne wie: Sehen, Hören, Riechen, Schmecken, Fühlen, kinästhetischer Sinn

Output: Sprache, bewußter Körperausdruck, Körperausdruck, der durch unbewußte Denk-/Handlungsmuster hervorgerufen wird

## Inneres Kind

Ebene der Synthese/Magie/Mystik
Aufgabengebiet: Kraft aus dem Kontakt zur Schöpfung auf der materiellen Ebene gewinnen und für die Lebensgestaltung bereitstellen. Erinnerungen speichern/Gefühle als notwendige synthetische Ergänzung zu den Wertungen des analytischen Verstandes fließen lassen. Innerer Heiler und Lehrer im magisch-schamanistischen Sinne

Input: Die sogenannten feinstofflich-energetischen Sinne: Telepathie, Emotiopathie, Hellsehen und -fühlen, Präkognition, Retrokognition, Pendeln, Aurasehen und die vielen anderen Arten der Energiewahrnehmung

Output: Magisch-energetische Manipulationen, wie Psychokinese, Sympathiemagie, Übertragung von psychisch wirksamen Energien, Teleportation, Levitation, Materialisation usw. Körperliche Äußerung von Gefühlsenergien

# Die Pflege Deines Pendels

Ein Pendel braucht auch Pflege, damit es zuverlässig funktionieren kann. Keine Sorge, jetzt kommt nichts Kompliziertes. Es dreht sich im wesentlichen nur um drei einfache Punkte:

1. Du solltest Dein Pendel regelmäßig, zum Beispiel unter kaltem Wasser, energetisch reinigen, weil es sich bei der Arbeit stark mit Fremdenergien aufladen kann. Das behindert einmal die Pendelfähigkeit, und zum anderen können die Fremdenergien in Dich übergehen und Befindlichkeitsstörungen bei Dir hervorrufen. Ob es "sauber" ist, kannst Du mit einem anderen Pendel nachprüfen.

2. Du solltest Dein Pendel nicht verleihen, vor allem nicht an Leute, für die Du keine Sympathie hast. Dein Instrument funktioniert am besten, wenn es auf Deine Schwingungen abgestimmt ist. Hattest Du es mal verliehen, reinige es gründlich und halte es danach etwa 5 Minuten auf Deinen HARA, eine Stelle, die sich etwa drei Finger breit unter Deinem Bauchnabel in der Mittellinie Deines Körpers befindet. Dort ist das Zentrum Deiner Persönlichkeitsenergie, und Dein Pendel wird durch den engen Kontakt mit ihm wieder an Deine Schwingung angeglichen.

3. Bewahre Dein Pendel an einem energetisch ruhigen Ort auf, zum Beispiel dort, wo auch eine Ficus Benjamini Pflanze[1] gut gedeiht. Auch Dein Lieblingsmeditationsplatz, eine Bergkristalldruse oder eine korrekt gebaute und ausgerichtete Pyramide sind gut geeignet.

---

[1] Ein Gewächs, das sehr empfindlich auf disharmonische Energien reagiert.

## Die Grundprinzipien erfolgreichen Pendelns

Das wichtigste: Glaube niemals, Du wärst unfehlbar! Pendele nie zu moralischen Fragen, aus selbstsüchtigen Gründen, zu "letzten Antworten" oder über zukünftige Ereignisse. Das Pendel ist ein wunderbares Instrument zur Förderung von Bewußtsein und der Entwicklung der feinstofflichen Sinne. Es ist kein Orakel, das auf alles eine passende Antwort hat!

Pendele nie, um über jemand anderen etwas herauszufinden, wenn dieser Dir nicht ausdrücklich seine Erlaubnis dazu gegeben hat.

Pendele immer, wenn Du Lust dazu hast, und auf keinen Fall, wenn Du eine Abneigung dagegen verspürst!

Prüfe jedes Ergebnis sorgfältig nach, einmal mit der Fehlertafel und weiterhin durch Vergleiche mit Deinem Wissen und natürlich mit Deinem gesunden Menschenverstand. Die letzteren beiden sind zwar nicht unfehlbar, können Dir aber trotzdem durch ihre wichtigen Kommentare oft helfen, Fehler zu entdecken.

Bedanke Dich bei Deinem *Inneren Kind* ruhig öfter mal für seine Mitarbeit und tadele es nicht, wenn falsche Ergebnisse kommen. Rede stattdessen mit ihm über die Sache, versuche seine Gründe für die falsche Auskunft zu verstehen und hilf ihm (und damit Dir), sich beim nächsten Mal zu trauen, die Wahrheit zu sagen. Wie Du mit ihm ins Gespräch kommst, ist im 2. Kapitel beschrieben.

Pendele nie zu Fragen, die Dich gefühlsmäßig stark beeindrucken oder für Leute oder zu Themen, die Du nicht magst. Laß Dich beim Pendeln nie unter Zeit- oder Erfolgsdruck setzen. Verwende ein Pendel, das Du magst und schön findest.

Benutze Dein Pendel immer aus einem Gefühl tiefer Dankbarkeit für dieses wunderbare Geschenk heraus und laß die Liebe zur gesamten Schöpfung Deinen Umgang mit ihm bestimmen.

Größenwahn, Angst, Gier, Streß, Disharmonie und Erschöpfung

werden Deine Pendelfähigkeiten auf Dauer immer mindern. Bescheidenheit, Dankbarkeit, Liebe, verarbeitete Erfahrung, Toleranz und Natürlichkeit werden Deine Pendelfähigkeiten wie auch das spirituelle Wachstum Deiner Persönlichkeit mit Sicherheit günstig beeinflussen.

2. Kapitel

# Die ersten Schritte

In diesem Kapitel geht es darum, erste praktische Erfahrungen mit dem Pendel zu machen. Außerdem kannst Du anhand der vielen Übungen schon mal einen Eindruck davon bekommen, welche Themen sich besonders gut für Dich zum Pendeln eignen und womit du Schwierigkeiten hast. Denn gerade die genaue Kenntnis Deiner "blinden Flecken" ist ja wichtig, um sicher mit dem Pendel arbeiten zu können. Es ist nicht wichtig, Dich von der ersten bis zur letzten Übung durchzuarbeiten. Probier einfach aus, was Dir gut gefällt. Du arbeitest bei der Pendelei mit Deinem *Inneren Kind* zusammen - und das spielt gern und bringt gerade dabei die besten Leistungen. Statt Disziplin und Durchhalten stehen also Spiel und Spaß im Vordergrund. Es mutet Dich vielleicht fremd an, aber Du machst Dir ein großes Geschenk, wenn Du mal auf diese entspannende und menschliche Weise versuchst, etwas zu lernen und zu leisten.

Bevor Du mit den Übungen beginnst, lies Dir die jeweilige Anleitung bitte sorgfältig durch und befolge sie genau. Benutze für die verschiedenen Versuche innerhalb einer Übung immer dieselbe Hand zum Pendeln, da die rechte und die linke Hand unterschiedliche Polaritäten der Körperenergie repräsentieren. Wenn Du zwischendurch wechselst, ist eine genau umgekehrte Schwingung des Pendels wahrscheinlich. Du kannst Dich zwar auch daran gewöhnen, doch im Moment wollen wir die Rahmenbedingungen so einfach und sicher wie möglich gestalten, damit Du leichter lernen kannst. Solltest Du eine Quarzuhr tragen, nimm sie bitte während des Pendelns ab. Durch das von ihr ausgehende elektromagnetische Feld stiftet sie eine Menge Verwirrung in Deinem Körper und behindert dadurch die

Umsetzung der Wahrnehmungen Deiner feinstofflichen Sinne in die Pendelbewegungen. Das gleiche gilt auch, allerdings nicht so extrem, für geschlossene Metallkreise aller Art, die Du möglicherweise in Form von Ringen, Ketten, Armbändern etc. am Körper trägst. Nimm sie zu den Übungen ebenfalls ab. Später, wenn Du mehr Erfahrung hast, kannst Du in Ruhe ausprobieren, ob Dich der Schmuck stört oder ob Du auch sicher Pendeln kannst, wenn Du ihn trägst. Lege bitte bei jedem Versuch Papier und Bleistift bereit, falls es etwas zu notieren gibt.

So, und nun geht es endlich los:

## Einige einfache Übungen mit dem Pendel

**Übung 1**: Sozusagen zum Aufwärmen. Besorge Dir ein Glas Wasser, einen Edelstein, ein Schmuckstück, eine Tasse Kaffee, ein Comicbuch, einen Roman, ein spirituelles Buch, das Dich gerade sehr interessiert, und einen Apfel. Setze Dich bequem auf einen Stuhl vor einen Tisch, lege nacheinander die einzelnen Gegenstände vor Dich hin, halte Dein Pendel darüber und laß es frei schwingen. Beobachte die unterschiedlichen Schwingungsmuster.

**Übung 2**: Hier kannst Du feststellen, welche Sprache Dein Pendel mit Dir sprechen möchte; das heißt, welche Pendelbewegung was aussagt. Vereinbare dazu mit Deinem *Inneren Kind* einige möglichst eindeutige Schwingungen. Besonders gut eignen sich: Rechtskreis, Linkskreis, eine zu Dir senkrechte Schwingung, eine zu Dir waagerechte Schwingung, Pendelstillstand, schräg von Dir nach rechts und schräg von Dir nach links.

Schließe jetzt für einen Moment Deine Augen, entspanne Dich, lausche Deinem Atem nach und fühle Deinen Körper in allen Bereichen. Wenn Du Dich nach einiger Zeit ruhig und wohlig entspannt fühlst, richte Deine Aufmerksamkeit auf Dein Inneres Auge. Sage jetzt laut: “Ich möchte gern mit Dir, meinem Inneren

Kind, Kontakt haben. Bitte gib mir ein Zeichen Deiner Aufmerksamkeit." Achte nun sorgfältig auf eine besondere Wahrnehmung. Es kann irgendein Bild sein, aber auch ein Wort, ein Satz, ein Geruch oder ein Körpergefühl. Wenn Du Dich vorher entspannt hast, wird Dein *Inneres Kind* immer auf Deinen Kontaktwunsch reagieren. Es ist aber wichtig, daß Du seine vielleicht sehr zaghaften Zeichen nicht übersiehst oder als unwesentlich abwertest. Sobald Du an einem bestimmten Zeichen seine Antwort erkennst, danke ihm für seine Bereitschaft, Dir zuzuhören und erkläre ihm, daß Du gern mit dem Pendel umgehen lernen möchtest und daß Du dabei seine Hilfe brauchst. Bitte es, seine Wahrnehmungen in Pendelschwingungen umzusetzen, damit Du sie verstehen kannst, und versprich ihm, das Pendel nur zum Wohle aller Beteiligten und aus der Liebe heraus einzusetzen. Sage ihm weiterhin, daß es Dir ein deutliches Zeichen geben möchte, wenn es aus irgendeinem Grunde nicht Pendeln mag, und versprich ihm, dann nicht zu drängen. Bitte es, Dir bei passender Gelegenheit etwaige Vorbehalte mitzuteilen, damit ihr euch einigen könnt. Frage es, ob es jetzt irgendwelche Vorbehalte gegen eine Zusammenarbeit mit Dir hat. Achte auf Bilder und/oder Worte, die diese beschreiben, und versuche, sie zu verstehen. Nimm die Ängste und Wünsche Deines *Inneren Kindes* ernst und gehe darauf ein. Versuche seine Vorbehalte zu klären, wenn nötig, Kompromisse, die ihr beide akzeptieren könnt, zu finden, aber auf keinen Fall, Dein *Inneres Kind* übers Ohr zu hauen. Solltest Du große Schwierigkeiten bei der Verständigung haben, benutze ein Orakel wie I Ging oder Tarot. Die OH-Karten (siehe Anhang) eignen sich zu diesem Zweck oft besonders gut. Wenn einer Verständigung nichts mehr im Wege steht, beschreibe Deinem *Inneren Kind* die zur Auswahl stehenden Pendelschwingungen (siehe oben) und bitte es, Dir bei der folgenden Übung mitzuteilen, welche Schwingung was bedeuten soll. Nimm dann Dein Pendel auf und frage laut: "Bitte zeige mir, welche Schwingung "Ja" bedeuten soll!". Warte, bis sich eine deutliche Schwingung ergibt, und notiere diese auf der folgenden Tabelle.

## Die persönliche Sprache Deines Pendels

Dein Name: Datum:

| | |
|---|---|
| Ja | |
| Nein | |
| Keine Auskunft möglich | |
| Sympathie | |
| Antipathie | |
| Yin | |
| Yang | |
| Positiv | |
| Negativ | |
| Neutral | |
| Fehler | |

Frage dann nacheinander nach der jeweiligen Schwingung für, "Nein", "Ich möchte jetzt daran nicht arbeiten!", "Keine Auskunft möglich!", Sympathie, Antipathie, Yin, Yang, Positiv, Negativ, Neutral und Fehler. Natürlich wird es einige Mehrfachbelegungen geben, aber da sich aus dem jeweiligen Thema und Deiner Fragestellung eine eindeutige Zuordnung ergibt, macht das nichts. Es ist durchaus möglich, daß sich die Zuordnungen ab und an ändern. Überprüfe deswegen alle paar Wochen einmal, ob es noch stimmt, und notiere etwaige Änderungen. Wie gesagt, Kinder spielen gern und mögen dabei nicht immer die gleichen Regeln und Rahmenbedingungen. Spiel mit, so wird es keinem langweilig, und das Pendeln klappt auch noch besser! Präge Dir die Zuordnungen gut ein. Das hilft Dir dabei, jederzeit schnell und sicher arbeiten zu können.

**Übung 3**: Dies ist eine einfache Methode, festzustellen, ob und wieviel Du von einer bestimmten Energie brauchst. Lege mehrere verschiedene Edelsteine (zum Beispiel Bergkristall, Rosenquarz, Amethyst, Achat, Citrin, Mondstein) bereit. Setze Dich auf einen Stuhl vor einem Tisch. Plaziere dann einen der Steine darauf, etwa 20 cm von der Stelle entfernt, an der Du Deine Hand zum Pendeln hältst. Schließe für einen Moment die Augen und entspanne Dich, indem Du zum Beispiel Deinem Atem lauschst. Stell Dir zum Abschluß der Entspannungsübung ein gleichschenkliges Kreuz vor und sage währenddessen laut: "Ich öffne mich vorurteilsfrei für alle Wahrnehmungen und bitte um die Beantwortung meiner Fragen, wenn dies im kosmischen Sinne richtig ist". Öffne Deine Augen wieder und nimm jetzt das Pendel auf. Halte es zwischen Dich und den Kristall. Beobachte, ob es eine Sympathie-, eine Antipathie- oder eine Neutralitätsschwingung ausführt. Falls sich keine Sympathieschwingung ergibt, nimm einen anderen Stein und probiere es noch einmal, bis Dein Pendel Dir eine Sympathieschwingung anzeigt. Die Energie dieses Steines brauchst Du. Lege das Pendel zur Seite und nimm den Stein zwischen Deine Hände. Schließe die Augen und nimm seine Gegenwart wahr. Spüre in Deinen Körper hinein und fühle, wie die Energie des Steines Dir guttut. Wenn Du das Gefühl hast, genug von seiner Energie aufgenommen zu haben, führe noch einmal den oben beschriebenen Sympathie/Antipathie-Versuch durch. Ergibt sich wieder eine Sympathieschwingung, nimm den Kristall aufs neue in Deine Hände, um seine Schwingungen über Deine Handreflexzonen aufzunehmen. Wenn es Dir reicht, prüfe mit dem Pendel noch einmal nach. Solltest Du das Gefühl haben, eine bestimmte Vorliebe zu haben oder Dich zu verspannen, wiederhole die oben beschriebene Entspannungsübung, visualisiere das Kreuz und sprich den dazugehörigen Satz, um wieder eine neutrale Geisteshaltung einzunehmen. Hast Du genug von der Energie des Steines bekommen, bedanke Dich bei ihm für seine Gabe und probiere weitere Steine aus. Von mehr als drei oder vier Kristallen solltest Du aber nicht ohne "Verdauungspause" Energie aufnehmen. Wenn Du mit einem großen Heilstein arbeitest, wird oft auch ein einzelner schon reichen. Denn ein so intensiver Kontakt bringt eine Menge in Bewegung, und Dein Körper ebenso wie Dein Geist brauchen Zeit, um die Energie zu verarbeiten. Auch in diesem Fall kannst Du wieder mit dem Pendel arbeiten: Frag es zwischendurch, ob Du weiterarbeiten oder besser eine Pause einlegen solltest. Natürlich nicht so, sondern mit einer eindeutigen Frage. Etwa: "Soll ich weiter mit den Kristallen arbeiten?" Richte Dich auch nach der Auskunft, sonst denkt Dein *Inneres Kind* mit der Zeit, daß es sinnlos ist, Dir etwas zu raten, und stellt möglicherweise, zumindest in bestimmten Bereichen, die Zusammenarbeit mit Dir ein.

**Übung 4**: Pflanzen sind nette Lebensgenossen - finde ich. Manche kümmern aber trotz liebevoller Fürsorge dahin. In solchen Fällen kann Dir das Pendel oft helfen.

Versuch a): Wenn Du mehrere Topfpflanzen nebeneinander stehen hast, halte doch mal zwischen jeweils zwei von ihnen das Pendel und beobachte, ob sich eine Sympathie- oder eine

Antipathieschwingung ergibt. Im letzteren Fall solltest Du die beiden besser auseinanderstellen und mit Pflanzenpartnern zusammenbringen, die ihnen auf Anhieb sympathisch sind. Sie gedeihen dann viel besser und werden auch seltener von Schädlingen befallen.

Versuch b): Es kann auch sein, daß die Ortsenergie die Pflanze schwächt. Ob dies so ist, läßt sich mit Deinem Pendel leicht feststellen. Halte es über die Pflanze und laß es schwingen. Ergibt sich eine positive Schwingung, wird es ihr recht gut gehen. Deutet die Bewegung des Pendels auf eine negative Schwingung hin, stell sie mal versuchsweise an einen anderen Platz und prüfe nach, ob es ihr dort besser geht. Auf zwei Phänomene, die auftreten können, muß ich noch mal besonders eingehen, da sie nicht so ohne weiteres richtig zu deuten sind. Wenn Dein Pendel eine ganz starke positive Schwingung anzeigt,[1] solltest Du die Pflanze auch an einen anderen Ort stellen. Zuviel des Guten kann auch ungesund sein. In diesem besonderen Fall würde die Pflanze sich höchstwahrscheinlich durch zu schnelles Wachstum schädigen. Andererseits kann es für eine Pflanze mit wenig Lebensenergie durchaus gesundheitsfördernd sein, ein paar Tage auf einer sehr starken positiven Zone zu stehen, um sich wieder aufladen zu können. Prüfe in so einem Fall möglichst täglich nach, ob die Pflanze schon ein normales Energieniveau hat, damit sie nicht überladen wird. An manchen Stellen wird das Pendel eine total ausgeglichene Energie anzeigen, das heißt, weder positiv noch negativ schwingen. Diese Qualität einer Ortsenergie ist zwar selten, aber es ist wichtig zu wissen, wie mit ihr umzugehen ist. Pflanzen sollten nicht ständig auf einer solchen Stelle stehen. Einige Tage oder Wochen sind zwar durchaus in Ordnung - nur eben nicht immer. Diese Energiequalität ist einfach zuwenig

---

[1] Welche Schwingung positive Energie anzeigt, hast Du ja bei Übung 2 mit Deinem Inneren Kind abgesprochen. Wie stark die Energie ist, kannst Du an der Weite und Geschwindigkeit des Pendelausschlags feststellen.

anregend. Die Pflanze würde sich auf Dauer langweilen und auch vor sich hinkümmern. Andererseits können sich Deine grünen Freunde hier ausruhen, wenn sie vom vielen Wachsen auf einer stark positiven Stelle erschöpft sind oder wenn sie krank waren und Schonung brauchen. Für Dich ist eine energetisch neutrale Stelle ein guter Ort für Meditation, Entspannungs- und Energieübungen.

**Übung 5**: Jetzt wird es geometrisch! Nimm Dir ein Blatt Papier und zeichne darauf Linien, Drei-, Vier- und "Nochmehrecke", Kreise, Elipsen, Kreuze und eine liegende Acht (Lemniskate). Halte Dein Pendel über das so gestaltete Blatt, bitte Dein *Inneres Kind* darum, Dir den Energiefluß der einzelnen Symbole zu zeigen und sieh wie Dein Pendel über jedem einzelnen schwingt. Auf diese Weise kannst Du, sozusagen im "Westentaschenformat", auch die energetischen Strömungen in Gebäuden nachvollziehen. Jedes Symbol hat eine bestimme Schwingung. Das wußten beispielsweise die Baumeister, die in der alten Zeit Kirchen gebaut haben, aber auch die Schöpfer der Megalithen, jener zyklopischen Steinmonumente aus grauer Vorzeit, die heute noch überall auf der Welt zu finden sind. Eine interessante Anwendung dieser Symbolenergien kannst Du bei Mückenstichen ausprobieren: Zeichne zum Beispiel mit einem Kajalstift über einen Stich eine liegende Acht (Lemniskate). Der Mittelpunkt des Symbols muß dabei über dem Stich liegen und die beiden Kreise der Acht sollten gleich groß sein. In den meisten Fällen heilt die so behandelte Entzündung in verblüffend kurzer Zeit aus und macht sehr viel weniger Beschwerden.

**Übung 6**: Mit dieser Methode kannst Du Getränke und Nahrungsmittel auf ihre Qualität und Eignung für Dich testen! Halte Dein Pendel nacheinander über ein Stück Schokolade, ein Glas Limonade, einen frischen Apfel, ein Weißmehlbrötchen, ein Stück Vollkornbrot, eine frische Salatgurke, ein Glas Leitungswasser und ein Glas Wasser aus einer Heilquelle (das Wasser sollte nicht in einer Plastikflasche gewesen sein!). Bitte Dein *Inneres Kind*, Dir die Stärke der Lebensenergie in jeder Probe durch die Stärke der Pendelschwingung anzuzeigen. Pendele dann über jedem Nahrungsmittel und beobachte, was passiert. Auf diese Weise kannst Du in Zukunft schnell feststellen, was wirklich "vollwertig" ist und was nicht. Ergänzend kannst Du dann noch das Pendel zwischen Dich und das jeweilige Muster halten, um zu testen, ob Du durch diese Nahrung gekräftigt (Sympathieschwingung) oder geschwächt (Antipathieschwingung) wirst. Mit ein wenig Praxis kannst Du so selbst Dein bester "Diätkoch" werden. Wenn Du das nächste Mal kochst, pendle doch vor dem Kochen die Stärke der Lebensenergie der Zutaten aus und hinterher die der fertigen Mahlzeit. Dann wirst Du verstehen, warum Du Dich nach dem Genuß lange gekochter oder gebratener Nahrung oft so müde fühlst!

Und noch ein Versuch mit dem Essen: Bestimme die Stärke der Lebensenergie des fertig gekochten Essens mit dem Pendel, dann sprich laut: "Himmlischer Vater, bitte segne dieses Essen!" und miß dann noch einmal die Stärke der Lebensenergie. Du wirst höchstwahrscheinlich eine ziemliche Überraschung erleben.

**Übung 7**: Auch beim Lesen kann Dir das Pendel eine große Hilfe sein. Was, Du kannst auch so lesen? Na ja, ich glaube es Dir mal! Doch vielleicht hast Du Lust, folgendes auszuprobieren: Überlege Dir eine Frage zu einem persönlichen Problem und schreibe sie auf. Dann nimm Dein Pendel und gehe damit vor Deinen Bücherschrank[1], halte es vor jedes Fach und frage laut: "Gibt es in diesem Fach ein Buch, in dem ich eine Antwort auf meine Frage finde?"

---

[1] Ich setze mal voraus, Du hast einen Bücherschrank - wenn nicht, mußt Du eben zu einem Freund gehen, der einen hat. Erkläre ihm aber vorher Dein Vorhaben, damit er nicht den Notarzt ruft, wenn Du loslegst!

Übermittelt Dir Dein Instrument ein "Nein", geh weiter zum nächsten Fach, bis es Dir ein "Ja" anzeigt. Nun tippe mit dem Zeigefinger Deiner linken Hand auf einen Buchrücken und frage: "Finde ich in diesem Buch eine Antwort auf meine Frage?" Bei "Nein" frage das nächste Buch ab, bei "Ja" nimm das Buch aus dem Regal, schlage das Inhaltsverzeichnis auf, tippe mit dem Zeigefinger auf die erste Überschrift, stelle wieder Deine Frage und blättere bei "Ja" das entsprechende Kapitel auf. Nun frage nach dem schon bekannten Muster jede Seite ab. Bekommst Du ein "Ja", lies die Seite und staune!

## Anfangsschwierigkeiten

Zwei Schwierigkeiten gibt es, die Dir das Pendeln schwer machen können: Einmal kann es sein (selten!), daß sich auch nach den beschriebenen Übungen einfach nichts rührt - Dein Pendel steht still und tut so, als wüßte es nichts von seinen Möglichkeiten. Zweitens kann es sein, daß es Dir häufig falsche Antworten auf Deine Fragen gibt, auch wenn Du genau nach Anleitung vorgegangen bist. Beiden Problemen läßt sich abhelfen, und zu diesem Zweck findest Du in diesem letzten Abschnitt des Kapitels einige Ratschläge dazu. Sie funktionieren immer, denn jeder Mensch - auch Du - ist seit seiner Geburt im Besitz der zum Pendeln notwendigen Sinne und Fähigkeiten, ob er sie nun nutzt oder nicht! Allerdings stellt sich der Erfolg nicht unbedingt von einer Minute zur anderen ein. Manchmal ist etwas Geduld und tiefergehende Arbeit an Dir vonnöten, um Deine Fähigkeiten (besser) nutzen zu können. Aber es lohnt sich!

## Wenn das Pendel sich nicht rührt

Überprüfe zuerst Deine geistige Grundhaltung dem Pendeln gegenüber. Warum willst Du eigentlich Pendeln können? Wenn Du es in erster Linie erlernen willst, um reich, mächtig, angesehen oder erfolgreich zu werden, wird Dein *Inneres Kind* nicht auf Dauer mitspielen.

Verschaffe Dir in diesem Fall Bewußtsein über die Ängste, die immer hinter solchen Ansprüchen als Motivation verborgen sind, und bemühe Dich darum, sie aufzulösen. Sind die Ängste tief in Dir verwurzelt und sehr hartnäckig, empfiehlt es sich, bei einem Therapeuten Deines Vertrauens eine Reihe von Sitzungen zu machen. Zu zweit lassen sich Ängste in der Regel sehr viel leichter auflösen, als wenn Du es als Einzelkämpfer versuchst.

Manchmal ist auch der Anspruch, eine Quelle unfehlbarer Information zu erschließen, die Ursache dafür, daß sich das Pendel nicht rührt. Dein *Inneres Kind* fühlt sich zu Recht damit überfordert und verweigert deswegen die Zusammenarbeit. Wenn Du akzeptierst, daß jeder Mensch, solange er oder sie lebt, Fehler macht und deswegen gerade liebenswert ist, wird sich diese Blockade Deiner Pendelfähigkeiten lösen. Ein weiteres Hindernis kann Streß, Übermüdung und innere Anspannung sein. Hier können Dir Entspannungsübungen wie Autogenes Training, Progressive Entspannung, Atemübungen, Reiki oder ähnliches helfen. Praktisch jede Volkshochschule bietet entsprechende Kurse an, mit Ausnahme von Reiki, in denen Du sicher und schnell lernen kannst, Dich zu entspannen. Entspannung des Körpers und des Geistes sind wesentliche Schlüssel zur Aktivierung der feinstofflichen Sinne.

Als ergänzende Hilfen hier noch ein paar Tips: Übe Dich im Pendeln über Dinge, an denen Du ein starkes inneres Interesse hast, die Dich faszinieren und neugierig machen. Freunde Dich mit Deinem *Inneren Kind* an, indem Du öfter mal erwas tust, das

Dir einfach nur Spaß macht. Um Pendelschwingungen wieder zuzulassen oder sehr schwache Ausschläge zu verstärken, ist häufig ein offener (!) Ring aus Kupfer hilfreich, der während des Pendelns an den kleinen Finger der linken Hand gesteckt wird. In einigen Fällen bringt es allerdings rechts mehr. Ausprobieren! Eine regelmäßige sanfte Massage der beiden kleinen Finger, besonders in der oberen Hälfte, ist auch zum Wecken und zur Verstärkung der Pendelfähigkeiten geeignet. Übungen zur Harmonisierung des 2., 4. und 5. Chakras sowie Bewußtseinsbildung über die von diesen Energiezentren organisierten Bereiche Deines Lebens haben oft auch scheinbar „hoffnungslose" Fälle kuriert und beeindruckende Pendelfähigkeiten geweckt.

## Die Pendelfähigkeit wecken und verstärken mit Kristall-Qigong

Eine einfache und sehr wirksame Methode zur Erweckung oder Verstärkung der Pendelfähigkeit bietet das von mir entwickelte Kristall-Qigong.

Dazu nimm in jede Hand einen etwa walnußgroßen getrommelten Bergkristall. Plaziere die Kristalle auf den mittleren Gliedern des Ring- und Mittelfingers. Schließe nun langsam die Hände um die Kristalle und lasse sie dabei auf die Mitte der Handflächen rutschen. Verstärke langsam den Druck auf sie, bis Du sie ganz fest hältst. Nun löse den Griff langsam und lasse gegen Ende die Kristalle wieder auf ihren Ausgangsplatz auf den mittleren Gliedern Deiner Ring- und Mittelfinger zurückrutschen.

Warte einen Moment und spüre den Energiefluß in Deinen Hand- und Fingerchakren. Dann wiederhole diese Übung etwa 10- bis 12mal.Wenn Du die Übungssequenz beendet hast, versuche wieder zu pendeln. Bei fast jedem Menschen, der Schwierigkeiten hatte zu pendeln, hat es nach dieser Übung funktioniert.Es ist ratsam, diese Übung aus dem Kristall-Qigong ein bis zwei

Wochen lang täglich zu wiederholen. Wer schon pendeln kann, findet mit dieser Übung eine sehr effektive Hilfe, seine Talente weiterzuentwickeln.

*Ein letzter wichtiger Tip:* Wenn nichts hilft, besorge Dir eine Kette/Schnur und einen Pendelkörper aus *antiallergischem* Material, wie zum Beispiel Chirurgenstahl. Es war für mich sehr überraschend, aber im Nachhinein vollkommen einleuchtend, als mir eine Freundin den Tip gab. Pendel aus antiallergischem Material haben auch „Härtefälle" kuriert. Probier es doch mal aus!

## Wie Du fehlerhafte Auskünfte Deines Pendels korrigieren kannst

Auch hier sollte die erste Maßnahme die Überprüfung Deiner gerade vorherrschenden Motivation für das Pendeln sein. Weiterhin kläre ab, ob die zu bearbeitenden Themen Dich gefühlsmäßig stark beeindrucken, also Ängste, Gier, Abneigung etc. bei Dir hervorrufen. Warte in diesem Fall, bis Du ausgeglichen mit der Sache umgehen kannst, oder laß einen unbeteiligten Kollegen an der Sache arbeiten.

Themen, die Du auf keinen Fall mit dem Pendel bearbeiten solltest, sind: Zukunftsvorhersagen, Lottozahlen, Aktienkurse, Glücksspielchancen und ähnliches, Kontakte mit Verstorbenen, mit „jenseitigen" Wesen (Channeln), Besessenheit, Aussagen über Menschen, die Dich nicht ausdrücklich dazu aufgefordert haben, Aussagen über Leben und Tod sowie über frühere Leben, karmische Zusammenhänge und Belastungen, endgültige Lebensziele sowie moralische Wertungen aller Art. Diese Themen eignen sich nicht für die Bearbeitung mit dem Pendel! Ich habe eine Menge Leute erlebt, die ihren Zugang zu feinstofflichen Energien durch derartige Ansprüche reichlich ruiniert haben.

Bemühe Dich stattdessen um vertrauensbildende Maßnahmen für Dein *Inneres Kind* und nimm es ernst. Respektiere seine Vorbehalte und behandle es fair. Gehe nicht verbissen mit dem Pendeln um, sondern „spaßbetont"! Gebrauche Deinen Verstand und Deine Intuition gleichberechtigt und aus der Liebe zur Schöpfung heraus, ohne Dich selbst im „Helfersyndrom" zu verlieren. Dann werden sich automatisch Deine feinstofflichen Sinne entfalten und Du wirst viel Freude für Dich und andere auf diese Welt holen.

## Die Öffnung Deiner feinstofflichen Sinne

Während meiner Beschäftigung mit den feinstofflichen Sinnen habe ich eine Art Patentrezept entdeckt und immer wieder auch von anderen bestätigt bekommen, das jeden Menschen zu immer höherem Empfindungsvermögen im energetischen Bereich führen kann: Es ist die Harmonisierung langanhaltender disharmonischer Zustände, wie Abscheu, Konkurrenzdenken, Neid, Rache, Angst, Haß, Schuldzuweisungen, Schwarz/Weiß-Denken , Erbitterung, Feindschaft, Zorn, Arroganz, Machtgier, Eifersucht, Frustration, Nicht-loslassen-können, Mißtrauen, Ablehnung der Körperlichkeit, Pedanterie und Kleinlichkeit. Jeder von uns sammelt viele dieser Energien im Laufe seines Lebens und läßt viele davon nicht los, macht oft sogar einen regelrechten Kult darum. Wenn Du diese Energien als zu Dir gehörig annimmst und Dich auf eine Art lieben lernst, die Dir gestattet, daß Du auch so bist/sein kannst, dann lassen sie sich integrieren und harmonisieren. Die Schatten lösen sich auf und verwandeln sich in strahlendes Licht. Du wirst ein Stück ganzer.

Du hast Dich dann einmal mehr für den Weg der heilenden Liebe und Einheit und gegen die Sackgasse der Getrenntheit entschieden. Dieses bewußte Annehmen der Einheit allen Lebens verschafft Dir im selben Zuge mehr Zugang zu den Sinnen, mit denen Du die Energien der Einheit in Deiner Umgebung wahrnehmen kannst – und damit vertiefen und erweitern sich auch automatisch Deine Pendelfähigkeiten.

3. Kapitel

# Die Arbeit mit fertigen Pendeltafeln

Es ist sehr praktisch für die tägliche Arbeit mit dem Pendel, eine umfangreiche Sammlung von fertigen Pendeltafeln zur Verfügung zu haben. Du sparst Dir damit eine Menge Arbeit und Mühe mit dem Neuzeichnen. Nun gibt es einige Dinge, die Du beim Gebrauch dieser Tafeln beachten solltest. Erstmal vergewissere Dich, daß die Tafeln, die Du verwenden willst, auch zu dem zu bearbeitenden Thema passen und von der Anzahl der Alternativen her ausreichend sind. Ist nicht genügend Auswahl da, fertige Dir selber eine an, die Du um weitere Möglichkeiten ergänzt, bis Deiner Ansicht nach das Thema ausreichend abgedeckt ist.

Zur Anfertigung eigener Tafeln kannst Du Dir Anregungen im 4. Kapitel holen. Beginne dann mit dem Pendeln über Tafeln, die das zu bearbeitende Thema grundsätzlich behandeln (Verzweigungstafeln), um eine Vorauswahl zu treffen. Als Beispiel: Welche Therapie (Bachblüten, Biochemie, Energiearbeit etc.) kann ich zur Heilung von einem bestimmten Problem verwenden. Zeigt Dein Instrument einen Fehler an, verwende erst die Fehlertafel, um herauszubekommen woran es gerade hapert. Gehe auf keinen Fall einfach über eine Fehlermeldung hinweg, auch wenn sie Dich noch so sehr ärgert! Kommt kein Fehler oder hast Du ihn bereits erfolgreich beseitigt, laß Dir von Deinem Pendel eine passende Entscheidungstafel zeigen, mittels der Du dann zu einem konkreten Ergebnis kommen kannst. Als Beispiel: Dein Pendel teilt Dir mit, daß Du in der Tafel "Biochemie" etwas Passendes finden kannst, und bei der Arbeit mit dieser Tafel bekommst Du als passendes Mittel "Magnesium phosphoricum" heraus. Wenn Du auf diese Weise zu einem Ergebnis gekommen bist, pendele noch einmal zur Sicherheit über der Fehlertafel. Sollte ein Fehler angezeigt werden, kläre ihn unbedingt ab, bevor Du weitermachst. Schimpfe niemals mit Deinem *Inneren Kind* wegen eines falschen Ergebnisses, sondern versuche immer, auf seine Bedenken oder Ratschläge einzugehen und zu einer konstruktiven, vom *Mittleren Selbst* (vereinfacht: Verstand) und vom *Inneren Kind* (vereinfacht: Gefühl) akzeptierten Lösung zu kommen. Wird kein Fehler gemeldet, informiere Dich umfassend über die von Deinem Pendel ausgewählte Alternative, um mit Deinem gesunden Menschenverstand nachzuprüfen, ob es sinnvoll ist, diesen Weg zu gehen. Sei dabei sowohl Deinem Verstand gegenüber kritisch, als auch gegenüber der Auskunft des Pendels. Diese Prozedur mag Dir umständlich erscheinen, aber es ist die nach meiner Erfahrung einzige Möglichkeit, auf Dauer wirklich erfolgreich im Umgang mit diesem Instrument zu werden. Dein *Inneres Kind* und Dein Verstand *(Mittleres Selbst)* müssen sich praktisch gegenseitig trainieren, verstehen und akzeptieren lernen, damit die Pendelei optimal funktionieren kann. Das Sammeln von Wissen über die Dir vom Pendel angeratene Hilfe bringt außerdem mehr Bewußtheit in Dein Leben.

Wie oft hatte ich schon ein AHA-Erlebnis, wenn mir mein Pendel zum Beispiel eine bestimmte Bachblüte empfahl und ich dann in einem guten Buch darüber eine treffende Beschreibung meiner momentanen psychischen und energetischen Situation nachlesen konnte. Ich war dadurch in der Lage, auch mit meinem Verstand die Heilung zu unterstützen und disharmonische Zustände in Zukunft schneller zu erkennen und schon im Entstehen aufzulösen. Gib Dir ruhig die Chance, Dein *Inneres Kind* und Deinen Verstand auf diese letztlich doch recht einfache Art zusammenzubringen. Ein weiterer Vorteil aus dieser Prozedur ergibt sich aus der Tatsache, daß ein umfangreiches Wissen über ein Thema Dir hilft, beim Umgang mit fertigen Tafeln und dem Erstellen eigener sehr viel schneller und besser zurechtzukommen.

Wenn Du zum Beispiel das Thema “Homöopathie” nur von den Überschriften der Pendeltafeln her kennst, wirst Du in der Auswahl und Anwendung homöopathischer Mittel nicht gerade sehr professionell werden. Alles läßt sich zu so einem Thema einfach nicht mit dem Pendel ermitteln! Allein die naturgemäß recht begrenzte Auswahl, die Du beispielsweise aus Tausenden von homöopathischen Einzelmitteln und Kombinationspräparaten für eine Tafel treffen mußt, die Du für einen bestimmten Zweck (zum Beispiel: Heilung von Verdauungsbeschwerden) anfertigen willst, ist ohne umfangreiche Kenntnisse in diesem Bereich, gelinde gesagt, etwas schwierig. So wirst Du mit der Zeit auch Deine Spezialitäten, also die Gebiete, in denen Du mit besonders hohen Erfolgsquoten mit dem Pendel arbeiten kannst, immer weiter ausbauen und somit immer besser werden.

## Die Handhabung

Bevor Du mit dem Pendeln beginnst, solltest Du Quarzuhren und Schmuck ablegen, damit die Umsetzung der Mitteilungen Deines *Inneren Kindes* über die Muskulatur in die Pendelschwingungen nicht gestört wird. Ansonsten denke bitte auch an die im 1. Kapitel angeführten Ratschläge für den erfolgreichen Umgang mit dem Pendel. Zur sicheren Handhabung einer Pendeltafel beachte bitte folgendes: Halte dein Pendel in die markierte Mitte der Tafel. Stelle dann laut oder in Gedanken die Frage: “Welche der auf dieser Tafel vorhandenen Alternativen kann mir in bezug auf ............................(Dein Fragethema einfügen) weiterhelfen?”
Wenn Dein Pendel stillstehen oder auf die Alternative “Fehler” zeigen sollte, benutze die Fehlertafel. Arbeitest Du für jemand anderen, laß Dir vorher ein Foto von ihm geben, seinen vollständigen Vor- und Zunamen, sein Geburtsdatum und schriftlich festgehaltene und eindeutig formulierte Fragen, die er beantwortet haben möchte. Lies Dir vor dem Beginn der Sitzung nochmal

seine Angaben durch, berühre kurz mit Deinem Pendel das Foto des betreffenden Menschen und bitte laut oder in Gedanken um eine hilfreiche Auskunft für ihn.

Verwende gerade bei Tafeln mit vielen und deswegen dicht beieinander liegenden Alternativen unbedingt ein rotationssymmetrisches Pendel mit einer Spitze am unteren Ende des Pendelkörpers, damit Du genau ablesen kannst, was Dir Dein Instrument mitteilen möchte. Achte auch darauf, daß Du nicht aus einer falschen Perspektive heraus die Richtung der Schwingung abliest. Schau immer von einer Position über dem Mittelpunkt der Tafel aus, was das Pendel macht. Wenn Du es von der Seite her beobachtest, können sich sonst, vor allem bei umfangreichen Tafeln, leicht falsche Deutungen ergeben. Deine Perspektive läßt Dich die Dinge anders sehen, als sie sind. Frage, nachdem Du eine Antwort bekommen hast, auf jeden Fall noch einmal nach einer weiteren Alternative zur Ergänzung der ersten. Beispielsweise werden meist mehrere Bachblüten zu einer Mischung zusammengestellt, um einen möglichst umfassenden Bereich der speziellen Disharmonie heilen zu können. Erst wenn Dein Pendel Dir das vereinbarte Zeichen für "Keine weiteren Antworten" gibt, beende die Arbeit mit dieser Tafel. Jede Auskunft sollte einzeln und zum Schluß sollten noch einmal alle zusammen mit der Fehlertafel überprüft werden.

## Möglichkeiten und Grenzen

Die Möglichkeiten ergeben sich aus Deinem Geschick, Dir passende Tafeln zu einem Thema herauszusuchen beziehungsweise eine neue Tafel mit sinnvollen Alternativen zu einem Thema anzufertigen. Die Auswahl auf einer Tafel ist naturgemäß immer begrenzt. Gehe deswegen immer davon aus, daß Dein *Inneres Kind* Dir über das Instrument Pendel eher eine möglichst gute Näherung als Antwort zu Deiner Frage präsentiert. Meist hast Du die optimale Lösung, gerade bei sehr ausgedehnten Themen, nicht von Anfang an auf der Tafel. Du kannst Dich aber über die Wegweisung des Pendels und die Erweiterung Deines Wissens immer näher an eine optimale Lösung heranarbeiten.

Wahrscheinlich wirst Du immer wieder neue Pendeltafeln entwickeln, bis Du einen Bereich für die meisten Fragen gut abgedeckt hast. Laß Dir Zeit dabei und arbeite sorgfältig. Es lohnt sich immer! Probiere zu Anfang Deiner "Pendelkarriere" möglichst viele Bereiche durch und finde so heraus, was Dir davon liegt. Konzentriere Dich im Laufe der Zeit auf einige wenige Bereiche, in denen Du Dich wirklich gut auskennst. Das ist ein echtes Erfolgsrezept, denn Du kannst dadurch Deine Pendelfähigkeiten optimal entwickeln.

Beschäftigst Du Dich auf die Dauer mit zu vielen Gebieten, wird dies immer letztlich auf Kosten der Qualität gehen. Das soll nicht heißen, daß es nicht nützlich wäre, ab und an ein neues Thema mit in Deine Arbeit einzubeziehen. Dein *Inneres Kind* spielt ja schließlich gern! Nur solltest Du Dich dabei eben nicht verzetteln.

4. Kapitel

# Pendeltafeln selbst entwickeln

Irgendwann werden Dir die vorgefertigten Pendeltafeln nicht mehr reichen, weil Du Dich mit Themen beschäftigst, zu denen es noch keine gibt oder zu denen Dir die vorhandenen nicht ausreichend erscheinen. Um Dir die Anfertigung eigener Tafeln zu erleichtern, werde ich Dir in diesem Kapitel einige Tips dazu geben. Es gibt schon einiges, was Du beachten solltest, damit Du mit den Tafeln auch wirklich sicher und mit guten Ergebnissen arbeiten kannst.
Am Ende dieses Kapitels und am Ende dieses Buches findest Du darüber hinaus ein Musterformular zum Kopieren und Vergrößern auf DIN A 4-Format, das Du je nach den Erfordernissen des jeweiligen Themas vervollständigen kannst.

## Eine Pendeltafel zweckmäßig gestalten

Zu Beginn der ganzen Aktion solltest Du eine Liste aller Alternativen anfertigen. Wenn Du alle Wahlmöglichkeiten notiert hast, prüfe sorgfältig, ob wirklich alles Nötige und nichts Überflüssiges darauf ist. Dann zeichnest Du in der Mitte der Pendeltafel einen Kreis von etwa einem Zentimeter Durchmesser. Dies ist das Zentrum der Pendeltafel und darüber wird das Pendel bei einer Befragung plaziert. Über dieser Stelle solltest Du auch mit den Augen sein, um die Schwingung des Pendels richtig deuten zu können. Jetzt zähle bitte die aufgelisteten Alternativen durch und rechne eine weitere für die Auskunft "Fehler", die unbedingt (!) auf jeder Tafel sein muß, dazu. Mehr als etwa 41 Möglichkeiten sollten es aber auch bei einer Pendeltafel von der Größe eines DIN A 4 Blattes nicht sein. Die Abstände werden sonst zwischen den einzelnen Linien zu klein für ein genaues Ablesen. Brauchst Du mehr Auswahlkriterien, erstelle besser noch eine oder mehrere zusätzliche Tafeln und bringe auf jeder Tafel Querverweise zu den anderen Tafeln dieser Gruppe an, damit Dir das Pendel zeigen kann, wo Du eine passende Auskunft bekommen kannst, wenn sie auf dem gerade verwendeten Blatt nicht angegeben ist.

Erhältst Du eine ungerade Zahl an Entscheidungsmöglichkeiten, ist alles in Ordnung - bei einer geraden Anzahl von Alternativen mußt Du eine weitere "Fehler"-Linie dazunehmen. Warum? Nun, bei einer geraden Anzahl von Linien, die in gleichen Winkelabständen um den Mittelkreis herum gruppiert sind, liegen sich alle Linien gegenüber, und Du weißt bei der Arbeit mit der Tafel nie genau, welche von den beiden gegenüberliegenden Alternativen gemeint ist. Bei einer ungeraden Anzahl von Linien, die in gleichen Winkelabständen um den Mittelpunkt herum angeordnet werden, ergibt sich dieses Problem nicht. Die Linien können sich aus geometrischen Gründen nicht gegenüberstehen. Jetzt mußt Du ein wenig rechnen: Teile 360 (ein vollständiger Kreis ist in 360 Grad unterteilbar) durch die (ungerade) Anzahl der Linien. Die Zahl, die Du dadurch ermittelt hast, gibt Dir den Abstand in Winkelgraden von einer Linie zur anderen an. Davon ausgehend brauchst Du nun nur noch mit einem Geodreieck oder einem anderen geeigneten Winkelmesser die Abstände abzutragen, Linien einzuzeichnen und an deren Ende die Bezeichnung der entsprechenden Alternative einzutragen. Ist nicht genug Platz vorhanden, um die Linien zu beschriften, bietet es sich an, die Alternativen durchzunummerieren und nur die Zahlen an die entsprechenden Linien zu schreiben. Im Fußtext der Pendeltafel sollte dann eine Liste mit den entsprechenden Zuordnungen angebracht sein. Die Bezeichnung der Pendeltafel bringst Du am besten oben am Blatt in großen Lettern an. Unten im Fußtext kannst Du weiterhin das Datum, an dem Du die Tafel erstellt hast, notieren sowie Literaturverweise zu dem bearbeiteten Thema und, wenn vorhanden, die Bezeichnungen der anderen zu der Gruppe gehörenden Tafeln. Manchmal lohnt es sich auch, bei komplizierteren Bereichen eine kleine Arbeitsanweisung zur Gedächtnisauffrischung mit zu notieren. Dies ist besonders hilfreich, wenn Du nicht so viel mit dieser Tafel arbeitest. Zum Beispiel kannst Du aufschreiben, daß bei der Ermittlung einer homöopathischen Arznei zuerst die Gruppe des Mittels (beispielsweise: mineralisch, pflanzlich, tierisch, elementar, Nosode) bestimmt werden sollte, dann das passende Mittel selbst, danach die entsprechende Potenzierungsart (LM, C, D); darauf folgend die Potenzierungsstufe (beispielsweise D 6). Weiterhin wieviel und wie oft und in welchen zeitlichen Abständen es eingenommen werden sollte und letztendlich noch eine Notiz, damit Du nicht vergißt, in einer guten Arzneimittellehre nachzuprüfen, ob das ausgewählte Mittel auch paßt und in der ermittelten Dosierung und Anwendungsart auch sinnvoll verwendet werden kann.

Die fertige Pendeltafel kannst Du zum Stabilisieren auf ein Stück feste und nicht zu dicke Pappe kleben, am Rand lochen und in einem Aktenordner abheften. Wenn Du viele Pendeltafeln herstellen willst, empfiehlt es sich, zu Beginn des Ordners ein Verzeichnis der vorhandenen Tafeln mit einer kurzen Beschreibung zu jedem Thema und der Kennzeichnung der zu einer bestimmten Gruppe gehörenden Tafeln anzulegen. Dies mag Dir zwar umständlich erscheinen, es erleichtert die praktische Arbeit aber sehr und hilft Dir dabei, eine Menge Zeit zu sparen. Ich legte mir ein Ordnungssystem dafür an, weil ich es nervig fand, erst eine Stunde lang meine Pendeltafeln aus allen Ecken der Wohnung zusammenzutragen, wenn ich gerade ein spannendes Thema bearbeiten wollte, nur um dann festzustellen, daß die wichtigste Tafel von meinen Katzen längere Zeit als Kratzbaumersatz

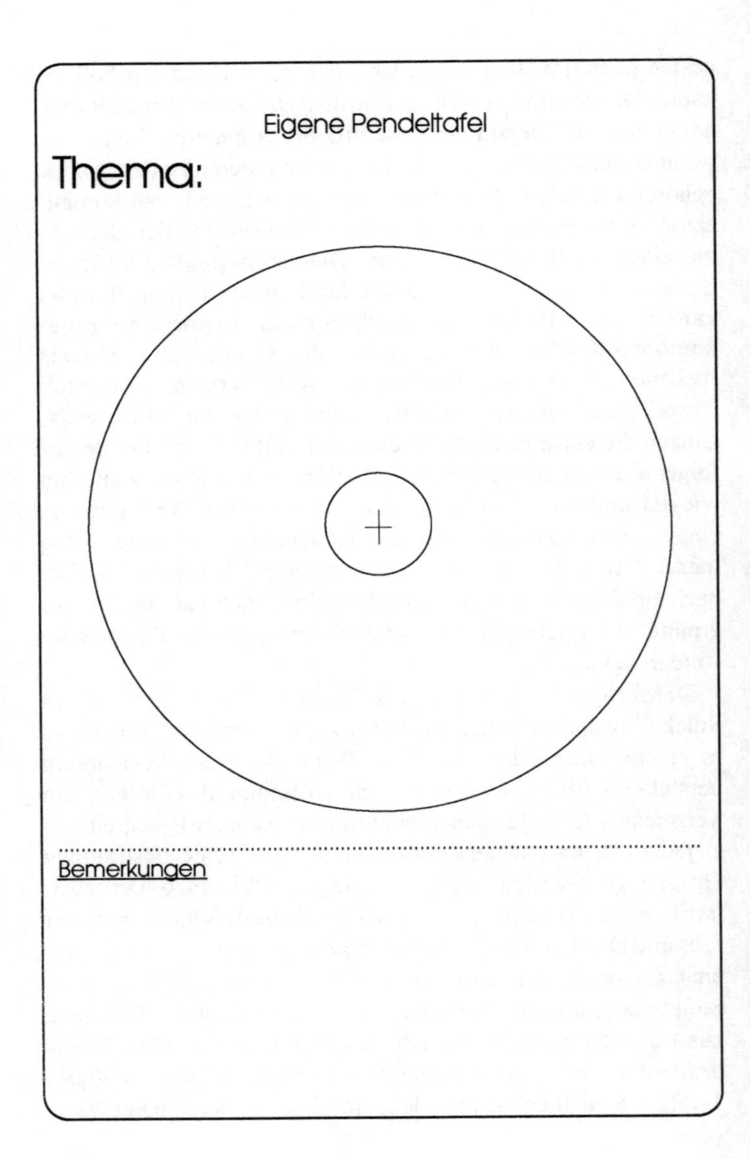
Eigene Pendeltafel
Thema:
Bemerkungen

verwendet wurde. Die Katzen haben seitdem nicht mehr unter tieffliegenden Pantoffeln zu leiden und meinen Nerven geht es auch besser! Du kannst Deinen Pendelordner richtig perfekt machen, wenn Due eines Deiner Pendel zum Beispiel in einer kleinen Tasche, die Du auf die Innenseite des Deckels geheftet hast, zusammen mit einem Bleistift für Notizen verstaust und im Vorspann einige leere Blätter unterbringst, auf denen Du immer gleich die Ergebnisse Deiner Arbeit, Literaturhinweise oder zum Beispiel ergänzende Übungen, das Datum und den Namen des Menschen, für den Du gependelt hast, notieren kannst. Du brauchst Dir dann immer nur noch den Ordner aus dem Regal zu nehmen und kannst loslegen. Mir fällt Ordnung auch schwer, aber glaube einem Chaosgeprüften: Sie zahlt sich oft aus!

## Tabellarische Pendeltafeln

Wenn Du eine sehr große Zahl von Auswahlmöglichkeiten auf eine Pendeltafel bringen möchtest, gibt es auch noch die Alternative der tabellarischen Pendeltafel. So etwas wird folgendermaßen aufgebaut: Ziehe eine Reihe von Zeilen und Spalten, bis Du genug Kästchen für die gewünschte Anzahl Deiner Auswahlmöglichkeiten zusammen hast. Nun numeriere die Kästchen von oben beginnend fortlaufend, wobei Du mit 1 beginnst. Schreibe jetzt auf die oberste Zeile über jede Spalte eine römische Zahl und in die linke Spalte zu jeder Zeile einen Buchstaben. Unter der Tabelle oder, je nach Größe, auf einer Extraseite, legst Du eine Legende an, in der Du zu jeder Zahl der Tabelle die Bedeutung vermerkst.

Willst Du etwas auspendeln, hältst Du nun Dein Pendel an jede Spalte und an jede Zeile, bis ein Ausschlag kommt. Dort, wo die Linien zusammenlaufen, findest Du eine Zahl und in Deiner Legende die Zuordnung.

Statt dessen kannst Du auch über der tabellarischen Pendeltafel einen Ausgangspunkt einzeichnen, von dem aus Linien zu jeder Spalte verlaufen. Genauso bringst Du einen Ausgangspunkt links neben der Tafel an, von dem Linien zu jeder Zeile gezogen sind. Dein Pendel hältst Du nun nacheinander über jeden der beiden Ausgangspunkte, stellst Deine Frage und beobachtest, zu welcher Zeile beziehungsweise Spalte es schwingt. Dort, wo sich Spalten und Zeilen kreuzen, findest Du wieder eine Nummer und in der Legende die Bedeutung.

Damit das Ganze leichter nachvollziehbar ist, habe ich unten ein Muster einer tabellarischen Tabelle aufgeführt. Diese Art von Pendetafeln haben zwei Vorteile: Bei großen Mengen an Auswahlmöglichkeiten – mehr als 41 – brauchst Du trotzdem nicht mehr als eine Tafel. Es lassen sich locker weit über 100 Alternativen plazieren. Außerdem kann Dein Verstand noch weniger dazwischenfunken als bei normalen Pendeltafeln, weil er einfach bei so vielen Auswahlmöglichkeiten und den Zahlenangaben die Übersicht verliert.

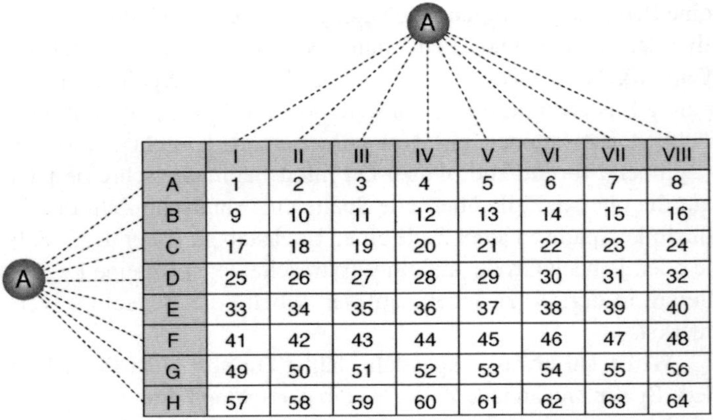

A

A

| | I | II | III | IV | V | VI | VII | VIII |
|---|---|---|---|---|---|---|---|---|
| A | 1 | 2 | 3 | 4 | 5 | 6 | 7 | 8 |
| B | 9 | 10 | 11 | 12 | 13 | 14 | 15 | 16 |
| C | 17 | 18 | 19 | 20 | 21 | 22 | 23 | 24 |
| D | 25 | 26 | 27 | 28 | 29 | 30 | 31 | 32 |
| E | 33 | 34 | 35 | 36 | 37 | 38 | 39 | 40 |
| F | 41 | 42 | 43 | 44 | 45 | 46 | 47 | 48 |
| G | 49 | 50 | 51 | 52 | 53 | 54 | 55 | 56 |
| H | 57 | 58 | 59 | 60 | 61 | 62 | 63 | 64 |

*Beispiel für eine Pendeltafel (A = Ausgangspunkt für das Pendel)*

5. Kapitel

# Pendeln nach dem chinesischen 5-Elemente-System

Wenn Du Dein Pendel häufig mit Dir rumschleppst, um es immer gleich zur Hand zu haben, wenn es etwas Interessantes zu untersuchen gibt, wirst Du Dich wahrscheinlich häufig ärgern, weil Du Deine Pendeltafeln nicht mitnehmen kannst und Dir die "normalen" Auskünfte wie "Yin" oder "Yang", "Sympathie" oder "Antipathie", "Ja" oder "Nein" nicht reichen, um ein Thema eingehender vor Ort zu untersuchen. Mir ging es vor geraumer Zeit ebenso und deswegen habe ich eine einfache Methode entwickelt, die es ermöglicht, auch ohne Tafeln ausführlichere Informationen über einen Bereich zu bekommen. Dies ist das Pendeln nach dem System der chinesischen Fünf Elemente. Es ist uralt und findet heute in der Hauptsache in Diagnose und Therapie der Akupunktur, Akupressur und verwandter Methoden Verwendung. Auch im Tao-Yoga bauen viele Übungen und Erklärungen darauf auf. Es eignet sich für die Erforschung von energetischen Phänomenen ohne weiteres Hintergrundmaterial besonders gut, weil es eine Fülle von seit Generationen immer wieder überprüften Zuordnungen enthält, die ausführlich und spezifisch genug sind, um zum Beispiel die energetische Wirkung eines Heilsteines auf Dich zu einer bestimmten Zeit ausreichend definieren zu können. Du brauchst zur Anwendung dieses Pendelsystems allerdings noch eine Hilfe: eine kleine Scheibe auf die ein in fünf Felder unterteilter und beschrifteter Kreis gezeichnet ist. Um Dir die Arbeit ein wenig zu vereinfachen, ist am Ende dieses Kapitels so ein Kreis in Originalgröße abgebildet. Bitte kopiere ihn, klebe ihn auf ein Stück feste Pappe und male die fünf Felder mit den Farben aus, deren Bezeichnungen dort angegeben sind. Das weiße Feld läßt Du einfach, wie es ist. Dann kopierst Du die vorhergehende Seite mit den Zuordnungen der Fünf Elemente, die sich eine Seite vor dem Fünf-Elemente-Kreis befindet und klebst dieses Blatt auf die Rückseite der Pappe. Die Pappe ist groß genug für alle nötigen Informationen und paßt trotzdem noch in die Tasche. Du kannst sie also immer mitnehmen, wenn Du Dein Pendel einsteckst. Nun hast Du alles beieinander, und wir können mit den Versuchen beginnen.

Die Tafel wird folgendermaßen benutzt: Wenn Du zum Beispiel die Eigenschaften eines beliebigen Heilsteines in diesem Moment, in bezug auf Dich, an einem bestimmten Ort[1] wissen möchtest, tippe kurz den zu untersuchenden Stein mit dem Pendel an, halte es dann in den Mittelpunkt der Fünf-Elemente-Tafel und frage laut oder in Gedanken: "Wie wirkt dieser Stein hier und jetzt auf mich?" Merke Dir das angezeigte Element und frage nach weiteren, schwächeren Einflüssen. So bekommst Du ein recht deutliches Bild der Wirkung des Heilsteines auf Dich. Als Fehleranzeige kannst Du mit Deinem *Inneren Kind*, in Ermangelung eines Extrafeldes dafür, zum Beispiel "Pendelstillstand" vereinbaren. Auf der Rückseite kannst Du dann nachschauen, welche Entsprechungen es zu den angezeigten Elementen gibt und Dir diejenigen heraussuchen, die zu Deiner Fragestellung passen. Wenn Du für jemand anderen pendeln möchtest, tippe vor Beginn

---

[1] Bitte beachte diesen Bezug unbedingt(!) bei der Deutung. Es gibt kaum zwei Menschen, die auf einen gleichen energetischen Reiz auch genau gleich reagieren. Sogar bei ein und demselben Menschen kann sich die Reaktionslage durch die Wahl des Zeitpunktes und die entsprechende Ortsenergie verändern!

des Experimentes auch die betreffende Person kurz mit Deinem Instrument an, um eine energetische Verbindung herzustellen. Die Sache ist also sehr einfach. Probiere dieses System aus und experimentiere damit. Du wirst über die vielen interessanten Entdeckungen überrascht sein! Es ist sinnvoll, einen kleinen Notizblock und einen Schreiber mitzunehmen, damit Du Dir Notizen machen kannst, um sie später auszuwerten. Ein Beispiel: Ein bestimmter Kraftort hat meistens zu unterschiedlichen Zeiten und in einem bestimmten, stets wiederkehrenden Rhythmus unterschiedliche Wirkungen auf Dich. Es lohnt sich, diese Bedingungen zu ermitteln, weil Du dann sinnvoll mit der Ortsenergie arbeiten kannst. Auch die energetische Wirkung bestimmter Menschen auf Dich läßt sich auf diese Weise leicht herausfinden. Hier reicht durchaus ein Foto, und wenn Du einige Erfahrung gesammelt hast, kannst Du sogar probieren, ob Du auf rein mentalem Wege, also allein dadurch, daß Du Dir den Menschen vorstellst, eine ausreichende Verbindung herstellen kannst. Diese Vorgehensweise nennt sich “Mentales Pendeln”. Wenn Du diese Methode ausprobierst, solltest Du die Ergebnisse besonders gründlich nachprüfen, bis Du wirklich sicher bist. Aber auch dann sind stichprobenartige Tests zu empfehlen.

Nun noch einige Erläuterungen zu diesem System: Es besteht aus den energetischen Elementen *Metall, Wasser, Holz, Feuer* und *Erde*. *Metall* bezeichnet die Funktionen des Annehmens und Abgebens, der Kommunikation, den Stoffwechsel, den Lebensrhythmus auf den materiellen und energetischen Ebenen. *Wasser* bezeichnet die Funktion der Lebens- und der Gefühlsenergie. Alles, was im Körper flüssig ist, wie die Lymphe, das Blut, der Speichel, Urin usw., hat eine Beziehung zu diesem Element. Es verleiht der Körper-Geist-Seele Flexibilität und die Fähigkeit, Energien fließen zu lassen. *Holz* steht für Wachstum, sichere Verwurzelung in der materiellen Welt (Erdung) und die Fähigkeit, das eigene Leben verantwortlich und den Bedürfnissen entsprechend zu gestalten. Eine besondere Beziehung dieses energetischen Elementes besteht zu der Wirbelsäule und den Gelenken. *Feuer* bezeichnet die Funktion der Lebenskraft, der Herzenswärme und Dynamik. Das *Feuer* scheidet in der Körper-Geist-Seele auch in einem der westlichen Vorstellung von der Alchemie vergleichbaren Prozeß das "Reine vom Unreinen". Es läßt sich symbolhaft auch als Erleuchtungsenergie beschreiben. Das Feuer der Liebe, die Sexualität, Erotik, die Körperwärme und das Immunsystem werden ebenfalls von dem Element *Feuer* gesteuert. *Erde* beschreibt die lebenstragende Funktion der Körper-Geist-Seele. Alle anderen energetischen Elemente sind auf die *Erde* als Energiequelle angewiesen, werden von ihr erhalten und genährt. *Erdhaft* sein läßt sich auch mit dem japanischen Begriff "im *Hara* sein" umschreiben, das heißt, zentriert sein, in sich ruhend. *Erde* verleiht damit die Fähigkeit, ausgeglichen und im Gleichgewicht durch die Turbulenzen des Lebens und der Lebendigkeit zu gehen.[1]

---

[1] Literaturhinweis: Ausführliche Erklärungen zum System der 5 -Elemente findest Du zum Beispiel in dem Buch "Traditionelle Akupunktur: Das Gesetz der Fünf Elemente" von D. M. Connelly, Verlag Anna Christa Endrich.

## 5 Elemente Zuordnungen

| **Element:** | **METALL** | **WASSER** | **HOLZ** | **FEUER** | **ERDE** |
|---|---|---|---|---|---|
| Meridiane | Lunge/Dickdarm | Nieren/Blase | Leber/ Gallenblase | Herz/Dünndarm | Milz/Pankreas/ Magen |
| Sinnesorgan | Nase | Ohren | Augen | Zunge | Mund/Lippen |
| Körper-bestandteile | Schleimhäute, Haut | Knochen | Sehnen, Nägel | Blut, Schweiß | Muskeln |
| Harmonische Gefühle | Mut; Loslassen, Anpassungs-fähigkeit | Gelassenheit, Wachheit, Ruhe | Phantasie, Tatkraft, menschliche Wärme | Liebe, Kreativität, Charisma, innere Stärke | Innere Harmonie, Gerechtigkeit, |
| disharmonische Gefühle | Trauer, Depression | Angst, Streß | Wut, Haß | Ungeduld, Launenhaftigkeit | Nachdenken Sorgen, Grübeln |
| Sinn | riechen | hören | sehen | reden | schmecken |

# Pendeltafel zum chinesischen 5-Elemente System

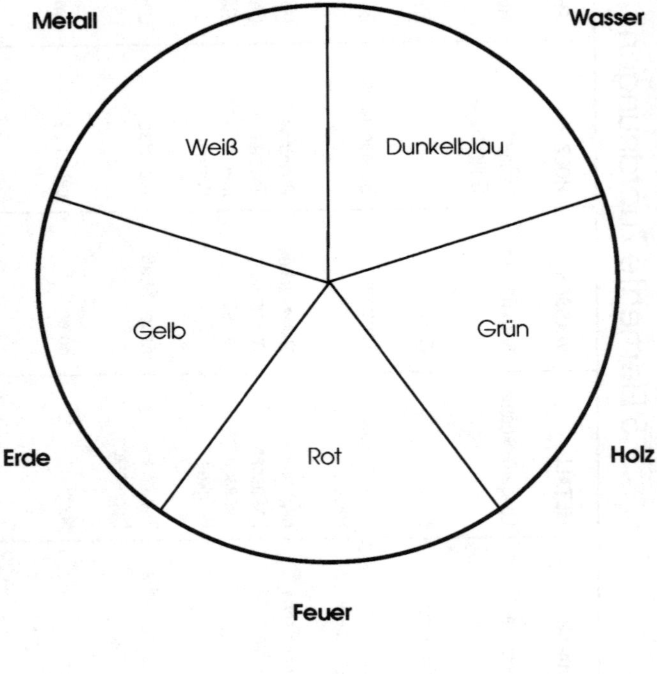

Metall

Wasser

Weiß

Dunkelblau

Gelb

Grün

Erde

Rot

Holz

Feuer

6. Kapitel

# Pendeln am Körper und praktische Energiearbeit

Dein Pendel kann Dir ein guter Helfer bei praktischer Energiearbeit zu Heilungszwecken oder zur spirituellen Entwicklung sein. In diesem Kapitel stelle ich Dir daher einige diesbezügliche Anwendungsmöglichkeiten vor, die ich häufig verwende und die sich in der Praxis als sehr sinnvoll erwiesen haben.

## Massage und Pendeln

Wenn Du einen anderen Menschen massieren möchtest, solltet ihr beide vorher Schmuck und Quarzuhren ablegen. Nimm nun Dein Pendel und stelle Dich etwa einen Meter von Deinem Klienten entfernt mit dem Gesicht zu ihm hin. Halte das Pendel vor Dich und frage laut oder in Gedanken: "An welcher Körperstelle soll ich jetzt massieren?" Gibt Dir das Pendel eine Fehlermeldung, kläre erst die Ursache ab, bevor Du weitermachst. Schwingt Dein Instrument zu einem bestimmten Körperbereich, gehe langsam in Richtung des Ausschlages, bis es irgendwo über dem Körper zu kreisen beginnt oder still steht. Frage jetzt: "In welche Richtung soll ich massieren?". Merke Dir den Ausschlag und stell dann die Frage: "Soll ich mit viel Kraft massieren?" Wenn ja, beginne mit der Massage. Wenn nein, frage weiter: "Soll ich mit wenig Krafteinsatz massieren?" wenn ja, beginne, wenn nein, frage als letztes: "Soll ich ganz sanft massieren?" Massiere dann den angezeigten Bereich auf die empfohlene Weise und frage ab und zu das Pendel, ob Du weiter machen sollst. Wenn dieser Körperbereich lange genug verwöhnt worden ist, begib Dich mit dem Pendel nach der oben beschriebenen Methode wieder auf die Suche nach der nächsten Körperzone, die jetzt massiert werden sollte. Schlägt es nicht mehr aus, beende die Sitzung.

Wenn eine bestimmte Befindlichkeitsstörung mit der Massage ausgeglichen werden soll, stell zu Beginn statt der oben angeführten allgemeinen Frage eine, die das besondere Thema anspricht. Denke bitte auch bei dieser Pendelmassage daran, die Auskünfte immer zu überprüfen. Wenn Dein Pendel Dir zum Beispiel sagt, Du solltest die Augen Deines Klienten mit starkem Druck massieren, tue es besser nicht - Augen sind zu empfindlich für solche Experimente. Kläre auf jeden Fall später in einer ruhigen Minute ab, warum Dir Dein Instrument so eine Empfehlung gegeben hat und suche die Ursache der Störung zu beseitigen, damit sich Deine Fähigkeiten verbessern können. Schimpfe auf keinen Fall mit Deinem *Inneren Kind* - es wird Gründe für derartige Antworten haben, die aus seiner Sicht vernünftig sind. Und schließlich hast Du ja Deinen Verstand, um schwerwiegende Fehler auszuschließen.

## Aura-Energiearbeit und Pendeln

Dein Pendel kann Dir auf ähnliche Weise auch dabei helfen, in der Aura festsitzende Energien zu lösen (Auraklärung). Ich verwende dazu am liebsten rundgetrommelte Kristalle, die etwa die Größe einer Walnuß haben. Welche Art von Heilstein für die jeweilige Anwendung in Frage kommt, läßt sich ebenfalls mit dem Pendel bestimmen. Im Anhang findest Du eine umfangreiche Pendeltafel zu dem Thema "Edelsteine", die sich dafür gut eignet. Wenn Du einen geeigneten Stein ausgewählt hast, kann die eigentliche Arbeit beginnen.
Achte darauf, daß Du und Dein Klient keinen Schmuck und keine Quarzuhren mehr tragen, stell Dich dann etwa eineinhalb Meter entfernt von ihm auf.[1]

---

[1] Diesmal muß es wegen des Durchmessers der Aura etwas mehr sein als bei der Massage.

Frage Dein Pendel nach einer festsitzenden Energie in der Aura und folge seiner Schwingung, bis es kreist oder stillsteht. Laß Dein Pendel bitte nicht zu lange an dieser Stelle sein, sondern nur den Zeitraum, der unbedingt nötig ist, um die richtige Stelle zu bestimmen - falls Du nicht in einen Reiki-Grad eingeweiht bist oder über einen anderen wirkungsvollen und zuverlässigen Schutz vor der Aufnahme disharmonischer Fremdenergien verfügst. Du könntest sonst eine störende Energie übernehmen. Deinem Freund ginge es dann zwar besser, Dir dafür aber schlechter, und das ist ja nicht Sinn der Sache.

Nimm dann den vorher mit kaltem Wasser oder ähnlichem gut von Fremdenergien gereinigten Heilstein und halte ihn mit drei Fingern an die angezeigte Stelle in der Aura. Laß Dein Pendel dabei frei schwingen und bitte es, mit der Bewegung aufzuhören, wenn der Stein "voll" ist. Reinige ihn dann wieder unter kaltem Wasser und bringe ihn danach zurück an die vorige Position in der Aura. Bitte Dein Pendel wieder darum, solange zu schwingen, bis der Stein voll oder die disharmonische Energie beseitigt ist. Steht es still, frage, ob die störende Energie ausgeglichen ist, wenn nicht, reinige den Kristall wieder und wiederhole die Prozedur, bis Dein kleiner Helfer Dir "grünes Licht" gibt. Es kann durchaus mehrere Stellen mit Blockaden in der Aura geben. Frage also zur Sicherheit immer noch einmal danach und achte auch darauf, ob der Stein, den Du vorher verwendet hast, für die Auflösung einer anderen Störung geeignet ist. Manchmal brauchst Du in einer Sitzung verschiedene Steine.

Wenn die Auraklärung beendet ist, gib Deinem Klienten etwas naturreines (!) Lavendelöl und laß ihn damit seine Hauptchakren sowie die Handinnenflächen und die Fußsohlen einreiben. Danach sollte er noch mindestens eine Viertelstunde ruhen. Die Lavendeleinreibungen sollte er noch einige Tage danach morgens nach dem Aufstehen fortsetzen. Sie dienen der ungestörten Neustrukturierung und Heilung des Energiesystems. Wasch Dir nach der Sitzung gründlich mit fließendem Wasser Hände und

Unterarme und reinige auch die verwendeten Heilkristalle. Wenn Du einige von ihnen mehrmals eingesetzt hast, solltest Du ihnen einige Tage "Verschnaufpause" gönnen. Leg sie in die Sonne, neben eine große, starke Pflanze, unter eine Reiki-Dusche[1] oder auf eine Kristalldruse, damit sich Deine kleinen Freunde von der schweren Arbeit erholen können. Bevor Du am Abend zu Bett gehst, solltest Du Dich auf jeden Fall noch lauwarm (!) duschen, um Fremdenergien, die möglicherweise in Deine Aura gelangt sind, loszulassen. Die Kleidung, die Du während der Sitzung getragen hast, solltest Du über Nacht möglichst im Freien auslüften, bevor Du sie wieder trägst.

---

[1] Eine Reiki-Dusche ist ein stationäres Reiki-Energiefeld, das mit den Möglichkeiten des 2. Grades aufgebaut werden kann. Es hat eine stark reinigende und vitalisierende Wirkung auf alles, was sich darin befindet.

# Heilsteine und Pendeln

Das Pendel kann Dir sehr gute Dienste bei der Auswahl von Steinen für eine Kristallheilung leisten. Im Anhang findest Du eine entsprechende Tafel, falls Du Dir selber keine machen möchtest. Wenn Du die passenden Steine für die Auflösung einer Disharmonie gefunden hast, kannst Du Dir von dem Pendel die Körperstellen oder die Plätze um den Körper herum - das gibt es auch oft - zeigen lassen, an denen die Kristalle verwendet werden sollen. So kannst Du auf einfache Weise wirksame Kristallheilungsmuster für bestimmte Probleme zusammenstellen, die auf den betreffenden Menschen optimal abgestimmt sind. Kristallmuster sind um vieles wirkungsvoller als einzeln angewendete Steine oder Ketten.[1]

Sie sind sozusagen die Hohe Schule der Kristallheilung. Die Kräfte der einzelnen Heilsteine steigern sich gegenseitig und ermöglichen auch die Harmonisierung tiefgreifender, sogar konstitutioneller Störungen.

Auch die Persönlichkeitsentwicklung läßt sich durch geeignete Heilsteinmuster aus Sackgassen befreien und beschleunigen. Bevor Du pendelst und die Kristalle anwendest, solltest Du ebenso wie Dein Klient wie üblich Schmuck und Quarzuhren ablegen. Alle Steine müssen vorher und nachher sorgfältig gereinigt werden (siehe oben). Achte besonders bei dieser hochwirksamen Form der Kristallarbeit auf die Fehlerkontrolle und informiere

---

[1] Es empfiehlt sich übrigens nicht unbedingt, Heilsteine in jeder Form ständig mit sich herumzuschleppen! Ihre starken Energien können auch Disharmonien im Körper erzeugen oder unter bestimmten Umständen bestehende verstärken! Werden die Kristalle nicht regelmäßig energetisch gereinigt (kaltes Wasser, große Kristalldruse, Sonnenlicht, Reiki o. ä.), strahlen sie überdies noch bei Überladung mit disharmonischen Energien diese in den Körper verstärkt zurück. Wie alle starken Heilmittel sollten auch Kristalle nur wohlüberlegt und mit Sachverstand eingesetzt werden.

Dich gründlich über dieses Gebiet, bevor Du damit zu bearbeiten beginnst oder/und mit großen Kristallen arbeitest.
Nach einer Anwendung sollte Dein Klient wieder, wie weiter oben beschrieben, Lavendel verwenden und mindestens eine halbe Stunde ruhen. In den nächsten Tagen sollte viel klares Wasser getrunken werden. Einige Tage vorher und hinterher sollten Alkohol, Kaffee, Zigaretten und sonstige Drogen zumindest stark reduziert werden. Ernsthafte Gesundheitsstörungen solltest Du nicht ohne fachliche Aufsicht behandeln, wenn Du nicht Heilpraktiker, Psychotherapeut oder Arzt bist!

## Blütenessenzen und Pendeln

Blütenessenzen können oft sehr viel erfolgreicher durch Einreibung geeigneter Hautzonen angewendet werden, als allein über die Einnahme. Meines Wissens gibt es bisher aber leider nur für die Bachblüten eine gute Zuordnung zu einzelnen Körperbereichen. Dein Pendel kann Dir hier weiterhelfen. Stell Dich wieder etwa einen Meter entfernt von Deinem liegenden Klienten auf und frage das Pendel nach einer Körperzone, die für die Einreibung mit einer bestimmten Blütenessenz besonders gut geeignet ist. Wenn Du Bachblüten verwendest, kann es Dir bei der Entscheidung helfen, welche der für ein solches Mittel geeigneten Zonen mit einer Einreibung behandelt werden sollen. Verwende zum Einreiben nie Essenzen direkt aus der *Stockbottle*, sondern nur Verdünnungen!

Die in diesem Kapitel dargelegten Anwendungen sind sehr wirkungsvoll! Bitte gehe verantwortungsbewußt mit ihnen um. Bei ernsten Erkrankungen von Körper und Geist und auch bei allem, was ernster sein könnte, bist Du sowohl gesetzlich wie auch moralisch verpflichtet, einen Menschen mit geeigneter fachlicher Qualifikation (Arzt, Heilpraktiker, Psychotherapeut) einzuschalten, wenn Du selbst kein Profi bist!

Es sollte Dir leicht fallen, auf der Grundlage der angeführten Übungen eigene Methoden zu entwickeln. Viele Anregungen findest Du auch über die Literatur zu den einzelnen Fachgebieten in der kommentierten Bibliographie im Anhang. Geh auf Entdeckungsreise - es lohnt sich!

7. Kapitel

# Erdstrahlen und andere Störfelder ermitteln

Viele Erkrankungen und Befindlichkeitsstörungen lassen sich erst harmonisieren, wenn der betroffene Mensch sich gegen feinstoffliche Störstrahlungen schützt oder sich ihnen deutlich weniger aussetzt. Zu diesen schädlichen Energien gehören unter anderem: Erdstrahlungen von Verwerfungen, Kohleflözen, Wasseradern; das sogenannte Globalgitternetz (GGN) und das Currygitter, zwei weltumspannende Systeme von Energielinien mit recht hoher Gleichmäßigkeit im Verlauf; die besonderen Energien von Orten der Kraft; Ausstrahlungen von Transformatoren, Elektroherden, Monitoren (Fernsehgeräten), Mikrowellenherden und Überlandleitungen.

Dein Pendel kann Dir dabei helfen, feinstoffliche Störstrahlungen zu erkennen, damit Du Dich und andere vor ihnen schützen kannst. Doch bevor ich näher darauf eingehe, möchte ich Dir noch einiges Hintergrundwissen zum Thema Störfelder und Krankheit vermitteln.

Strahlungen aller Art umgeben uns auch in einer natürlichen, das heißt unkultivierten Umgebung ständig. Erdstrahlungen aller Art, natürliche Radioaktivität und auch die verschiedenen kosmischen Strahlungen wirken in jeder Sekunde unseres Lebens auf uns ein. Offensichtlich gehört also eine gewisse "Strahlungsbelastung" zu unserer natürlichen Umgebung. Wir beziehen einen großen Teil unserer eigenen Lebensenergie über die Punkte der Akupunktur-Meridiane und die diversen Haupt- und Nebenchakren des Körpers aus diesen Feldern. Sie bieten uns daneben einen gewissen “natürlichen Streß”, den unsere Körper-Geist-Seele unbedingt braucht, um ihr energetisches Immunsystem zu trainieren und Entwicklungsanreize auf allen Ebenen zu bekommen. Es verhält sich mit dieser energetischen “Belastung” ganz ähnlich, wie auf der materiellen Ebene mit den überall vorkommenden Bakterien, Viren und Pilzsporen, auf die unser stoffliches Immunsystem zum ständigen Training und der laufenden Weiterentwicklung seiner Fähigkeiten angewiesen ist. Ein im ganzheitlichen Sinne gesunder, das heißt ein mit sich und der Welt überwiegend im Einklang lebender Mensch, wird durch diese natürlichen Reize nicht ernsthaft erkranken. Sie müssen sogar vorhanden sein, um sein langfristiges Wohlbefinden sicherzustellen. Selbst mit kurzfristig erhöhten Bestrahlungen unterschiedlicher Art kann ein gesunder Mensch zurechtkommen. Schwierig wird es immer dann, wenn jemand entweder langfristig einer hohen Strahlenbelastung ausgesetzt ist oder aus irgendeinem Grund längere Zeit eine geschwächte Lebensenergiestruktur hat, die ihn nicht mehr ausreichend vor normalen äußeren Einwirkungen zu schützen vermag. Und um diese beiden Fälle geht es in diesem Kapitel. Damit Du mit diesen Phänomenen umgehen kannst, ist es einmal wichtig für Dich zu lernen, die Stärke des Lebensenergiefeldes (des energetischen Immunsystems) eines Menschen zu bestimmen, um zu wissen, ob er mit den normalen Strahlungsreizen ohne gesundheitliche Schäden zurechtkommen kann. Zum anderen mußt Du trainieren, die im Rahmen einer normalen Intensität liegenden Strahlenquellen auszufiltern, wenn Du mit dem Pendel auf die Pirsch gehst, um die wirklich belastenden Störstrahler ausfindig machen zu können. Nur dann wirst Du praxisgerechte Ergebnisse bekommen und Dich nicht im Dschungel der vielen alltäglichen Strahlungen verirren.

# Die Kraft des energetischen Immunsystems bestimmen

Die Lebensenergie eines Menschen zu bestimmen geht so: Schlage im Anhang die Seite mit der Pendeltafel "Lebensenergiegehalt" (S. 117) auf. Berühre den Menschen, dessen Lebensenergie Du feststellen möchtest, kurz mit Deinem Instrument, um eine energetische Verbindung herzustellen. Frage jetzt Dein *Inneres Kind* laut oder in Gedanken: "Wie hoch ist die derzeitige Lebensenergie dieses Menschen in Prozent, wenn 100 sein möglicher Maximalwert ist?" Das Pendel wird Dir nun einen bestimmten Wert anzeigen. Frage weiter: "Bei welchem Wert in Prozent ist seine Energie zu gering, um ihn gegen die in seiner Umgebung normalerweise auftretenden Strahlenbelastungen zu schützen?" Schau Dir den neuen Wert nun daraufhin an, ob er weit unter dem ersten liegt. In diesem Fall ist alles in Ordnung und Du kannst jetzt weiterforschen, ob es außergewöhnliche Strahlenbelastungen im Leben dieses Menschen gibt. Wie, erfährst Du weiter unten.

Liegt der neue Wert aber in der Nähe des ersten oder womöglich darüber, ist Vorsicht geboten. Prüfe in jedem Fall die Ergebnisse auf die übliche Art nach und verwende zusätzlich noch folgende Methode: Befrage Dein Pendel: "Liegt die Ursache der Befindlichkeitsstörung/Erkrankung dieses Menschen in einer Strahlungsbelastung?" Bekommst Du kein "Ja" und bei der Überprüfung keine negative Auskunft von der Fehlertafel, solltest Du erst einmal gründlich nachforschen, ob es nicht andere Ursachen für die Disharmonie gibt, auch wenn Dein Klient noch so sehr auf "Strahlen" besteht. Ist die gesundheitliche Störung tatsächlich in einer zu schwachen Lebensenergie begründet, können Methoden wie Bachblüten, Reiki, Homöopathie, Edelsteintherapie oder eine Psychotherapie je nach der Art der Störung zu einer Heilung beitragen. Manchmal ist auch eine Umstellung der Ernährung vollkommen ausreichend. Hier kannst

Du Dein Pendel natürlich ebenfalls helfen lassen. Im Anhang findest Du diverse Pendeltafeln zu diesen Themen (S. 108, 118, 126 u.a.). Natürlich ist es für die Auswahl einer Heilungsmöglichkeit nicht unbedingt notwendig, das Pendel zu befragen. Drängt die Zeit, sollte umgehend die nächste erreichbare und akzeptable Möglichkeit genutzt werden. Und sind bestimmte erfolgversprechende Methoden leicht verfügbar, spricht absolut nichts dagegen, diese erst einmal auszuprobieren, bevor das Pendel zu Rate gezogen wird. Gehe ökonomisch mit diesem wertvollen Helfer um! Er läßt sich zwar sehr vielseitig einsetzen, doch solltest Du Dich und andere auf keinen Fall (!) davon abhängig machen. Menschen haben, Gott-sei-Dank, noch viele andere Möglichkeiten, sich zu entscheiden. Das Pendel sollte eine Hilfe, aber gerade in wichtigen Lebenssituationen eher Berater als Entscheidender sein.

## Das direkte Orten von Störstrahlungen

Ist eine zu starke Strahlungseinwirkung die Ursache der Disharmonie, muß festgestellt werden, wo ihre Quelle ist. Bevor Du auf die Suche gehst, überlege Dir folgendes: Der betreffende Mensch wird im allgemeinen nicht im "Vorbeigehen" von einer starken Strahlung aus seinem energetischen Gleichgewicht gebracht. Es gibt einige wenige Ausnahmen, auf die ich am Ende dieses Kapitels noch ausführlich eingehen werde.

In erster Linie ist es daher zweckmäßig, die Orte auf eine über der Norm liegende Störstrahlung zu untersuchen, an denen sich Dein Klient häufig und/oder lange aufhält, also zum Beispiel der Schlafplatz, der Fernsehsessel oder der Arbeitsplatz (vielleicht vor einem Computer?!). Erstelle mit ihm zusammen eine entsprechende Liste. Achte dabei besonders auf im Zeitraum von etwa sechs Monaten vor Beginn der Erkrankung neu hinzugekommene Orte (Wohnungswechsel, Schlafplatzwechsel, neue Arbeitsstelle oder ähnliches). Oft kommst Du so sehr schnell zu einer Eingrenzung der möglichen Ursachen. Weiterhin kläre ab, ob direkt oder in der unmittelbaren

Umgebung der bevorzugten Aufenthaltsorte in dem genannten Zeitraum neue elektrische oder kanalisationsmäßige Installationen vorgenommen worden sind. Hast Du Dir auf diese Weise einen "Schlachtplan" zurechtgelegt, kann eine Begehung der verschiedenen Plätze mit dem Pendel folgen. Um die normale Strahlungsbelastung auszublenden, kannst Du Dir vor der Untersuchung in Zusammenarbeit mit Deinem *Inneren Kind* eine Art Filter bauen. Dazu brauchst Du entweder die Gegenwart Deines Klienten oder ein Foto von ihm, sowie eine Entspannungsübung: An dem zu untersuchenden Ort angekommen, schließe für einen Moment die Augen und spüre Deinem Atem nach, bis Du Dich rundum wohl und entspannt fühlst. Dann richte an Dein *Inneres Kind* die Bitte, bei der nun folgenden Untersuchung auf Störstrahlungen alle Energiequellen nicht anzuzeigen, die zu schwach sind, um Deinen Klienten energetisch zu schädigen. Öffne nun wieder die Augen und berühre mit Deinem Instrument den Menschen, für den Du pendeln willst, oder ein Foto von ihm, um die notwendige energetische Verbindung herzustellen. Nun kannst Du Dein Pendel schwingen lassen und ihm die Frage stellen, an welcher Stelle in diesem Raum eine für Deinen Klienten[1] schädliche Störstrahlungsquelle ist.

Folge seiner Schwingung langsam, damit Du die Abweichungen im Ausschlag rechtzeitig erkennen kannst, bis es Dir deutlich eine bestimmte Energiequalität anzeigt. Stelle dann Art und Stärke des Feldes fest, bevor Du nach weiteren "Unruhestiftern" suchst. Um die Energiequalitäten richtig identifizieren zu können, solltest Du Dich rechtzeitig mit dem in dem folgenden Exkurs beschriebenen Grundlagenwissen vertraut machen und Dir von Deinem *Inneren Kind* eine eindeutige Schwingungsart zu jeder der fünf angesprochenen grundsätzlichen Strahlungsformen zeigen lassen.

---

[1] Diese Zuordnung ist wichtig! Gleiche Energien wirken sich ja verschieden auf unterschiedliche Menschen aus, wie Du aus den vorhergegangenen Kapiteln weißt.

Bekommst Du dann während der Begehung von Deinem Pendel Hinweise auf bestimmte Strahlungen, ist es nützlich, Ort, Ausbreitungsgebiet und die Stärke der Strahlung für die spätere Auswertung zu notieren.

Die Stärke kannst Du feststellen, indem Du Dir die schon oben verwendete Prozenttafel (S. 117) nimmst, Dich entspannst und Deinem *Inneren Kind* mitteilst, daß Du wissen möchtest, wieviele Monate sich Dein Klient unbeschadet in dieser Strahlung aufhalten könnte, und daß jeder der 100 Teilstriche dabei für einen Monat stehen soll. Dann fragst Du auf die gleiche Art nach Wochen, weiter nach Tagen, dann nach Stunden usw. Diese Angaben beziehen sich dabei natürlich immer auf den aktuellen Lebensenergiestatus des betreffenden Menschen. Ändert sich dieser, ändern sich selbstverständlich auch die Verträglichkeitswerte!

## Exkurs: Fünf Störstrahlungs-Typen

Hier ist nun ein Exkurs nötig, damit Du die verschiedenen grundsätzlichen Formen von Störstrahlungen erkennen und deuten kannst. Ich unterscheide zwischen einer *Yang-*, einer *Yin-* und einer *ständig wechselnden Strahlung*, einem *Stasisfeld*, sowie einem *Strahlungsloch*.. Eine *Yang-Strahlung* stellt im Grunde einen ständigen Energiezufluß zu der im Strahlungsbereich liegenden Stelle dar. Sogenannte Wachzonen, also Stellen, an denen sensible Menschen schlecht einschlafen, aber gut und ausdauernd arbeiten können, haben eine ausgeprägte Yangqualität. Übermäßige *Yang-Strahlung* macht sich zu Beispiel durch Nervosität, Gereiztheit, Schwitzen, Krämpfe, Neigung zu Entzündungen und hohem Blutdruck, Durchfall, laufende Nase oder Übelkeit bemerkbar. Eine *Yin-Strahlung* sorgt für einen ständigen Energieabfluß von dem im Strahlungsbereich liegenden Gebiet. Sogenannte Ermüdungs- oder Krebszonen, also Orte, an denen Menschen schnell in einen entspannten, tendenziell kraftlosen Zustand verfallen, haben eine ausgeprägte Yin-Qualität. Übermäßige *Yin-Strahlung* macht sich zum Beispiel durch Müdigkeit, ein allge-

meines Zerschlagenheitsgefühl, fehlende Dynamik in den Lebensäußerungen, Frieren, eine Neigung zu degenerativen Erkrankungen (Krebs u.a.), Verstopfung, mangelndem Appetit, zu niedrigem Blutdruck, Schwächen des körperlichen Abwehrsystems oder Durchblutungsstörungen bemerkbar. Eine *ständig wechselnde Strahlung* ergibt sich, wie der Name schon andeutet, aus starken Einstrahlungen unterschiedlicher Qualität. Je stärker die Strahlung ist und je häufiger sie ihre Eigenart verändert, desto disharmonischer kann sie auf einen Menschen wirken. Das menschliche Energiesystem mit seinen hochkomplizierten und ineinander verschachtelten Regelmechanismen wird durch die sich ständig ändernden starken Reize überfordert und reagiert mit Ausfallerscheinungen, Über- und Unterreaktionen, Stoffwechselfehlfunktionen aller Art, manisch-depressiven Zuständen, allen möglichen Formen von Allergien, gesteigerter Aggressivität, einem Überforderungsgefühl, Immunschwäche, Migräne, fehlender Lebenslust und nach längerer Zeit mit Abgestumpftheit, also mangelnder Reaktionsfähigkeit, oder genau dem Gegenteil, einer Übersensibilität. Ich bezeichne diese Auswirkungen der *ständig wechselnden Strahlung* als Kultursyndrom.
In den angeführten Beispielen wirst Du viele Modekrankheiten unserer Zeit finden. Wir leben in einem ständig verworrener werdenden Umfeld von Strahlungen. Mit jedem neuen elektrischen Gerät, jedem weiteren Wasserleitungsrohr, jeder neuen Richtfunkstrecke, jedem weiteren Radio- oder Fernsehsender, Katalysator im Auto[1] usw. verkompliziert und verstärkt sich die Umgebungsstrahlung in den kultivierten Bereichen unserer Welt immer mehr.

---

[1] Auch Katalysatoren senden starke und oftmals in der Qualität ständig wechselnde Strahlungen in das Innere des Kraftfahrzeuges. Die disharmonischen Auswirkungen lassen sich nach längeren Fahrten bei den Insassen sowohl mit einem Pendel, als auch mit modernen Meßgeräten für die verschiedenen Formen von Lebensenergie feststellen. Wie so oft hat uns unsere Wissenschaft mit einem Gerät auf der einen Seite etwas Nützliches und auf der anderen Seite etwas, das unsere Gesundheit weiter strapazieren kann, geschenkt.

Ein *Stasisfeld* ist entweder und meistens eine Zone, in der sich verschiedene polare Energiequalitäten gegenseitig in etwa aufheben, oder eine besondere Strahlungsform (selten), die bewirkt, daß Lebensprozesse aller Art verlangsamt werden. Die Auswirkungen sind zum Beispiel Geistesabwesenheit, ein Gefühl, nicht zu dieser Welt zu gehören, der Verlust der Erdung, unrealistische Einstellungen, auf der organischen Seite mangelnde Entgiftung, ein insgesamt träger Stoffwechsel, Leistungsabfall und Schwäche, allerdings meist ohne degenerative Zellbildung. Stumpfheit, eventuell mit Neigung zu (starker) Verspannung und allgemeiner Energiemangel ohne die normalerweise daraus erwachsenden Erkrankungen kann sich einstellen. Ein *Strahlungsloch* wirkt sich auf einen Menschen sehr deutlich aus: Ihm ist langweilig. Daraus folgend stellt sich bei längerem Aufenthalt in so einem Gebiet mangelnde Flexibilität, allgemeine Unlust und eine Neigung zu grundloser Provokation, disharmonischer Aggressivität und “Snobismus” ein. Ist ein Mensch nicht genug fordernden Reizen ausgesetzt, versucht er sich eben selbst Spannungssituationen zu schaffen.[1]

Um das Bild abzurunden, möchte ich Dir noch kurz die positiven Auswirkungen der verschiedenen Energieformen andeuten. Denn nichts in der Welt hat nur eine Seite ...

Eine starke *Yang-Strahlung* kann träge Lebensfunktionen wieder aktivieren und zum Beispiel depressive Menschen und an allgemeiner Erschöpfung leidende günstig beeinflussen. Eine starke *Yin-Strahlung* kann allgemein überschießende Energien (zum Beispiel bei Hysterie oder Entzündungen) auf ein verträgliches Maß herunterholen, Ängste dämpfen und im ganzen

---

[1] Die angeführten Symptome treten häufig mit den angegebenen Zuordnungen auf, aber nicht immer. Je nach Reaktionslage des betreffenden Menschen können die Symptome auch ganz anders aussehen. Deswegen bitte immer genau die Art der Störstrahlung feststellen!

die Entspannung fördern. Kraftvolle, *ständig wechselnde Strahlung* ist in der Lage, Unflexibilität auf allen Ebenen günstig zu beeinflussen, Lern- und Reifungsprozesse in Gang zu bringen, Entwicklungsanreize zu schaffen, Sensibilität hervorzubringen, Entscheidungsprozesse zu fördern und somit die Fähigkeit, "Ja" und "Nein" zu sagen und diese Entscheidung auch konsequent umzusetzen. Nun kannst Du Dir auch erklären, warum wir unsere Kultur im Moment so gestalten, wie wir sie gestalten. Wir leben in einer Zeit des Übergangs! Es ist für die Menschheit insgesamt überlebensnotwendig, Bewußtsein zu entwickeln, Eigenverantwortung zu akzeptieren und sich ganz klar für und gegen bestimmte Wege zu entscheiden. Da Menschen sich aus ökonomischen Gründen nur entwickeln, wenn sie gefordert werden, mußten unsere *Hohen Selbste* entsprechende Rahmenbedingungen an der Schwelle zum Wassermannzeitalter schaffen, die uns Lernanreize geben. Hart, aber herzlich - oder?! Ein *Stasisfeld* begünstigt Erleuchtungssituationen aller Art (es gibt durchaus verschiedene Ausprägungen dieses Zustandes). Es ist ein entscheidungs- und interessenloser Raum. Ein Mensch hat in so einem Feld die Chance, seine Situation leidenschaftslos, mit Abstand und, ohne Partei zu ergreifen, auf sich wirken zu lassen.

Er sollte nur nicht zu lange darin bleiben, weil sonst die Gefahr besteht, daß er nicht mehr weiß, warum er überhaupt irgend etwas tun oder lassen soll und daher lieber aus dieser Ebene abtritt. Ein *Strahlungsloch* kann ein guter Erholungsort nach vielen Lernerfahrungen und Entwicklungsprozessen sein. Wenn Du Dich an die Beschreibung der Auswirkungen der letztgenannten Energiequalität erinnerst, fällt es Dir sicher leicht, Dir vorzustellen, daß nach einigen weiteren hektischen Übergangsjahren eine längere Zeit von Reizarmut kommen *kann*, wenn wir gelernt haben, was nötig ist. Verstehen wir bestimmte Dinge nicht, kann es sein, daß wir die Ruhepause alle miteinander auf den feinstofflichen Ebenen verbringen. Als Quintessenz dieses Abschnitts solltest Du dir den Satz "Allzuviel ist ungesund!" merken.

**Ein Tip**: Die angeführten Grundenergien lassen sich durch die Zuordnung zu den chinesischen Fünf Elementen, den Qualitäten der aus der Akupunktur bekannten Meridiane und den Haupt- und Nebenchakren noch weiter differenzieren. Bei diesen Zuordnungen beachte bitte, daß eine *Yang-Strahlung*, die zum Beispiel die Qualität eines bestimmten Chakras hat, diesem Energie zuführt, es förmlich auflädt. Eine *Yin-Strahlung* gleicher Art diesem Energiezentrum Ladung abzieht, *ständig wechselnde Strahlung* ihm Entwicklungsanreize zur Verfügung stellt, die es integrieren und daran wachsen oder ablehnen und dadurch in Disfunktionen gebracht werden kann. Ein *Stasisfeld* mit einer bestimmten Chakraqualität kann diesem die Möglichkeit der Erwartungslosigkeit und damit der Öffnung, der Erleuchtung bieten und ein *Strahlungsloch* kann dem zugeordneten Zentrum eine Verschnauf- und Regenerationspause nach einer heftigen Entwicklungsphase zur Verfügung stellen. Die in diesem Beispiel angeführten Wirkungs*möglichkeiten* gelten entsprechend für die anderen oben angeführten Bereiche.[1] So und nun weiter mit der Praxis. Ich hoffe dieser Ausflug in die Theorie hat Dich nicht allzusehr gelangweilt ...

## Das indirekte Orten von Störstrahlungen

Manchmal ist es nicht möglich, die Orte zu begehen, an denen sich Dein Klient aufhält. In solchen Fällen kannst Du Dir mit einer indirekten Untersuchungsmethode helfen, die allerdings einige Übung im Pendeln voraussetzt, wenn Du exakte Ergebnisse haben möchtest. Beginne also nicht zu früh damit und prüfe sehr sorgfältig Deine Ausarbeitungen nach.

Laß Dir von Deinem Klienten möglichst genaue und nicht zu kleine Skizzen der betreffenden Räumlichkeiten anfertigen und

---

[1] Auch hier denke bitte daran, daß diese Zuordnungen meistens, aber nicht immer gelten! Also im Einzelfall nachprüfen! Weitere Informationen über Chakren und das menschliche Energiesystem findest Du in meinem Buch "Das Aura Heilbuch", erschienen im Windpferd Verlag.

ergänzend noch Fotos der Gebäude, in denen sich diese befinden, sowie die Adressen beifügen. Dann entspanne Dich und bitte in diesem Zustand Dein *Inneres Kind* um Hilfe bei der folgenden Untersuchung. Erkläre ihm, daß die Skizzen für die tatsächlichen Räume stehen und daß Du mit dem Pendel auf diesen Skizzen die Plätze von Störstrahlungen bestimmen möchtest. Dann verfahre wie oben bei der direkten Ortung beschrieben und vergiß auch hier nicht, Notizen für die spätere Auswertung zu machen.

## Erdstrahlen harmonisieren

Nach so viel Informationen über das Auffinden von Erdstrahlen wirst Du Dir sicher wünschen, Störfelder auch harmonisieren zu können. Dazu nun ein paar Tips.

Ein wesentlicher Gesichtspunkt, unter dem Du alle direkten Abhilfemaßnahmen bewerten solltest, ist der Sinn einer Störstrahlung für den betreffenden Menschen. Mit anderen Worten, warum hat er sein Leben so gestaltet, daß er sich einer solchen schädigenden Strahlung aussetzt? Wenn Du die entsprechenden Strahlungen nicht nur auf ihre grundsätzliche Qualität, sondern auch zum Beispiel auf ihre Zuordnung zu den Chakren untersuchst und diese Ergebnisse mit dem Leben Deines Klienten in Verbindung bringst, wirst Du aus dem Staunen lange Zeit nicht herauskommen. Menschen, die bestimmten Einflüssen in ihrem Leben aus dem Wege zu gehen versuchen, um die aus der Auseinandersetzung mit diesen Reizen resultierenden Lernprozesse zu vermeiden, bekommen oft Störstrahlungen mit der entsprechender Qualität von ihrem *Hohen Selbst*, natürlich rein zufällig, verordnet. Dieser Anteil der Körper-Geist-Seele ist ja für die Förderung der Entwicklung eines Menschen zuständig und manchmal bleibt ihm wohl nichts anderes übrig, als zu solch drastischen Mitteln zu greifen, um längst fällige Lernschritte endlich einzuleiten. Wenn Du Deinem Klienten diese Zusammenhänge klarmachen kannst, verhilfst Du ihm zu einem letztlich sehr viel harmonischeren und glücklicheren Leben, als wenn Du ihm nur ein gutes Entstörgerät verschaffst. Läßt Du seine Eigenverantwortlichkeit weg, nimmst Du ihm eine Chance, sein Leben im ganzheitlichen Sinne so zu harmonisieren, daß sein zuständiges *Hohes Selbst* ihm nicht auch weiterhin drastische Lernanreize servieren muß. Im Klartext: Wenn Du Ihm nur hilfst, den Platz zu entstören, wird er höchstwahrscheinlich auf irgendeine andere und womöglich noch belastendere Weise weitere Entwicklungsanreize von seinem *Hohen Selbst* zugeschoben bekommen. Ist Dir diese Aufarbeitung aus irgendeinem Grund zu viel, bitte Deinen Klienten einen esoterischen Lebensberater aufzusuchen, der ihm intuitiv, aus der Aura, über ein Orakel oder auf eine andere Art die nötigen Informationen verschaffen kann und ihm dabei hilft, Wege zum harmonischen Wachsen zu finden. Natürlich ist auch die "technische" Seite, also die Entstörung wichtig. Denn wer nicht kriechen kann vor Krankheit, hat auch keine Energie zum Lernen und Wachsen auf neuen Wegen. Die üblichen Selbsthilfe-empfehlungen wie Schüsseln mit Quarzsand, Achate oder sonstige Heilsteine, Strohmatten, Hirsekissen, Weihwasser, Kakteen und dergleichen kann ich nicht unbedingt empfehlen. Manchmal helfen sie für eine gewisse Zeit, meistens nicht oder nicht genug. Und gerade Kristalle können, wenn sie nicht mit viel Sachverstand ausgewählt und eingesetzt werden, eine Menge zusätzlichen Schaden durch Fokussierung und damit Verstärkung der Störstrahlung anrichten. Außerdem kann die persönliche Energie der Steine ebenfalls durch starke Bestrahlung geschädigt werden, und das finde ich unfair. Wenn also keine Verlagerung der Lebensgestaltung als einfachste und wirkungsvollste Abhilfe, auf weniger bestrahlte Orte möglich ist, solltest Du speziell entwickelte Entstörungsgeräte verwenden. Als Ergänzung (!) können dann immer noch Pflanzen aller Art, Teppiche aus organischen Materialien, Windspiele usw. verwendet werden.

Zwei Störfeldarten kannst Du allerdings mit einem Entstörgerät

nicht beseitigen. Es handelt sich einmal um das Strahlungsloch. Um hier Abhilfe zu schaffen, mußt Du kräftige Pflanzen, ausdrucksvolle Kunstwerke, abwechslungsreiche farbliche Raumgestaltung, interessante Möbel, Aquarien und dergleichen verwenden, damit harmonische Energien in den energiearmen Raum kommen und ihn mit Leben füllen. Die andere Störfeldart ist die zweite Form des *Stasisfeldes*, also die eigenständige Art, die nicht durch den Ausgleich entgegengesetzter Energien zustande kommt.
Die beste Hilfe ist, sich so einem Feld nicht regelmäßig auszusetzen. Die nächstbeste, den Raum über längere Zeit mit den Methoden des 2. Reiki-Grades mit unpolarer Lebensenergie (= Reiki) anzufüllen, bis das *Stasisfeld* ausgelöscht ist, oder einen erfahrenen *Feng Shui*-Spezialisten[1] zu Hilfe zu holen.

---

[1] *Feng Shui* ist eine alte chinesische Kunst, Gebäude und Landschaften energetisch harmonisch zu gestalten

## Gesundheitliche Störungen durch kurzfristige Strahlungseinwirkungen

Wie weiter oben versprochen, gehe ich auf dieses Thema noch mal näher ein: Ursachen solcher Störungen sind oft Röntgenuntersuchungen bei sehr sensiblen Personen oder Menschen, die gerade fasten oder sich überwiegend von vegetarischer Frischkost ernähren. Beides kann die normalen energetischen Abwehrmechanismen des Körpers unter bestimmten Umständen so schwächen, daß der Energieschock einer Röntgenuntersuchung oder verwandter Methoden voll auf die Regelsysteme des Organismus durchschlägt. Auch erhöhte Radioaktivitätswerte in der Umwelt (Tschernobyl, Atomwaffentests etc.) wirken sich ähnlich aus. Hier können eine zeitweise Kostumstellung und die Anwendung geeigneter homöopathischer Medikamente, Bachblüten, Reiki oder sonstiger passender Methoden durch einen Menschen mit fachlicher Qualifikation (!) ausgezeichnete und schnelle Hilfen sein. Als Ergänzung ein Tip für die "Hausapotheke": Der Genuß von naturbelassenem Miso, einer speziellen Sojabohnenzubereitung aus Japan, soll helfen, die schädlichen Auswirkungen hoher radioaktiver Belastungen auf den Menschen zu beseitigen oder wenigstens zu mindern.

8. Kapitel

# Anleitung zum Gebrauch der Pendeltafeln

In dem auf dieses Kapitel folgenden Anhang findest Du eine umfangreiche Sammlung von Pendeltafeln, damit Du gleich in die Praxis einsteigen kannst. Die Entscheidungstafeln sind miteinander durch jeweils vorangehende Auswahltafeln verknüpft, um eine systematische und sinnvolle Nutzung im "Pendelalltag" zu gewährleisten.

## Wie sind die Tafeln zu benutzen?

Die einfachste Möglichkeit zuerst: Wenn Du eine ganz konkrete Frage hast, wie beispielsweise, welches Duftöl Du jetzt wohl in Deinen Verdunster tröpfeln solltest, um Dir die Arbeit zu versüßen, blätterst Du gleich zu der Entscheidungstafel[1] "Aromatherapie" und läßt Dir von Deinem Pendel den passenden Duft zeigen.

---

[1] Als Entscheidungstafeln bezeichne ich Pendeltafeln, die Dir eine Reihe von konkreten Angaben zur Erleichterung Deiner Entscheidung vorgeben, zum Beispiel einige Aromen, die Hauptchakren oder Bachblüten. Als Auswahltafeln bezeichne ich Pendeltafeln, die eine Reihe von Entscheidungstafeln benennen, aus denen Du dann die für Dein Problem passende mit Hilfe des Pendels finden kannst.

Möchtest Du ein Problem bearbeiten, bei dem Du entweder nicht sicher bist oder gar nicht weißt, wo ein Lösungsansatz zu finden sein könnte, verwendest Du am besten die Auswahltafeln. Zuerst formulierst Du eine Frage. Zum Beispiel: "Was kann mir bei der Bewältigung meiner Beziehungsprobleme helfen?" Dann blätterst Du zu der ersten Pendeltafel mit der Überschrift "Gruppenverzweigungstafel" und läßt Dir von dem Pendel eine Gruppe von Tafeln vorschlagen. Landest Du mit dieser ersten Frage bei der Auskunft "Fehlerkorrektur", gehe bitte nicht darüber hinweg, sondern arbeite gewissenhaft mit dieser Tafel und mach Dir Gedanken über die Auskunft, die Du mit ihr erpendelst. Landest Du bei einer anderen Gruppe, blättere zu der dieser Gruppe voranstehenden Auswahltafel und laß Dir von Deinem Pendel die zuständige Entscheidungstafel zeigen. Mit dieser kannst Du dann zu einem passenden Lösungsansatz finden.

Wenn Du bei einer auf den ersten Blick unpassenden Gruppe oder Tafel landest, schmeiß diese Auskunft nicht gleich in den Papierkorb. Oft versucht Dir das Pendel so indirekt etwas mitzuteilen, das nicht direkt auf den zur Auswahl stehenden Tafeln verzeichnet ist. Mach Dir in so einem Fall ausführlich Gedanken über die vermeintlich sinnlose Auskunft, spüre in Dich hinein, meditiere darüber oder tue irgend etwas anderes, wovon Du meinst, daß es Dir helfen kann, die verborgene Antwort zu entschlüsseln. Vielleicht magst Du Dir ja von Deinem Pendel auch auf der Tafel "Orakel-Wegweiser" ein passendes Orakel zeigen lassen, das besonders gut dazu geeignet ist, Dir die Antwort des Pendels zu erläutern.

## Der Gebrauch der einzelnen Pendeltafeln
## *- mit Literaturempfehlungen -*

Die Pendeltafeln im Anhang sind sehr umfassend und vielseitig zu verwenden. Auf den folgenden Seiten habe ich für Dich ein paar Gebrauchsanweisungen zu den einzelnen Tafeln zusammengetragen. Es ist aus Platzgründen nicht möglich, die Themen der verschiedenen Tafeln näher zu besprechen. Das würde eine kleine Bibliothek füllen. Damit Du trotzdem Dein Wissen zu den angesprochenen Bereichen vertiefen kannst, habe ich eine Menge Buchempfehlungen in Form von Nummern beigefügt. Diese Zahlen beziehen sich auf die mit fortlaufender Nummerierung versehene und von mir kommentierte Bibliographie im Anhang.

Gerade wenn Du ernsthaft und tiefgreifend in einen Problembereich einsteigen willst, um eine Lösung für Dich oder andere zu finden, ist es unbedingt notwendig, daß Du Dich umfassend darüber informierst. Das wird auch die Qualität Deiner Pendelfähigkeiten steigern. Natürlich sind nicht alle möglichen Bereiche durch die vorhandenen Tafeln abgedeckt, dazu gibt es einfach zu viel. Sieh es mir also bitte nach, wenn gerade Dein "Special" nicht vertreten ist. Falls Du irgendwann mal in einem Bereich arbeiten möchtest, der nicht oder nur unvollständig in den vorhandenen Tafeln erfaßt ist, bastele Dir Deine eigenen. Solltest Du, wie ich, meist ein Buch von hinten anfangen zu lesen: im 4. Kapitel habe ich genau erklärt, wie Du Dir eigene, auf Deine Bedürfnisse angepaßte Tafeln anfertigen kannst.
**Nota bene:** Wenn Menschen ernsthaft krank sind oder es sein könnten, müssen sie je nach der Art der Gesundheitsstörung von einem Arzt, Heilpraktiker oder Psychotherapeuten behandelt werden! Bist Du kein Profi, verwende die zu Diagnose und Therapieauswahl geeigneten Pendeltafeln bitte nur im Rahmen einer Hausapotheke oder zur Vorbeugung. Übernimm auf keinen Fall mehr Verantwortung, als Du mit gutem Gewissen tragen kannst!
So, und nun geht's los:

Die ***Gruppenverzweigungstafel*** (S. 101) hat die Aufgabe, Dir eine passende Gruppe zur Bearbeitung eines Problemes vorzuschlagen. Als Ergebnis kannst Du dann die ***Fehlerkorrekturtafel*** (S. 102) bekommen, die auf jeder Pendeltafel als Wahlmöglichkeit auftaucht, oder die anderen ***Auswahltafeln*** (S. 103, 108, 118, 126, 134, 141, 146 und 151), die Dir jeweils zu einem bestimmten Thema (zum Beispiel: Aromatherapie) passende *Entscheidungstafeln* zur konkreten Beantwortung (zum Beispiel: Lavendel) einer Frage zeigen. Die ***Fehlerkorrekturtafel*** (S. 102) bietet Dir häufige Ursachen einer falschen Antwort des Pendels an. Die Eintragungen sind, denke ich, selbsterklärend, bis auf die Alternative "Darf zur Zeit nicht beantwortet werden". Diese Aussage bedeutet, daß eine Beantwortung zur Zeit nicht im Sinne der kosmischen Ordnung liegt.

Es gibt Situationen, durch die ein Mensch so selbstbestimmt wie möglich gehen muß, um Eigenverantwortlichkeit und/oder sich der Führung Gottes anzuvertrauen zu lernen. Es kann auch sein, daß eine Auskunft im ganzheitlichen Sinne schädlich für die an der entsprechenden Situation Beteiligten wäre.

Die Tafeln zu ***Gesundheit und Anatomie*** (S. 103 - 107) kannst Du zum Beispiel zum Auffinden einer Erkrankung oder zur Auswahl eines Schwerpunktes für Bewußtseinsbildung oder Therapie benutzen. *Literatur: 1*

Die Tafeln ***Vitamine, Mineralstoffe und Spurenelemente*** (S. 109, 110) können Dir helfen, zur Zeit notwendige Vitalstoffe zur Gesunderhaltung oder Heilung zu ermitteln. *Literatur: 38*

Mit der Tafel ***Verschiedene Ernährungsarten*** (S. 111) kannst Du feststellen, ob sich eine bestimmte Ernährungsart zur Zeit besonders gut für Dich eignet. Überprüfe regelmäßig, ob die Auskunft noch stimmt, denn es gibt keine für alle Menschen und alle Situationen passende Ernährungsform. Eine Diät, die Dich zu einer bestimmten Zeit heilt, kann Dich unter Umständen krank machen, wenn Du sie zu lange anwendest. Die Tafel ***Nahrungsbestandteile*** (S. 112) hilft Dir, Schwerpunkte in Deiner Ernährung zu setzen, um zum Beispiel Diätfehler zu vermeiden. Die Tafel ***Nahrungsmittel mit hoher Heilwirkung*** (S. 114) eignet sich als eine Art Hausapotheke zur Behandlung leichterer Erkrankungen durch bestimmte, heilkräftige Nahrungsmittel. Hier mußt Du aber besonders sorgfältig prüfen, ob Deine Ergebnisse auch stimmen. Im Zweifelsfall mach Dich bei einem Ernährungsexperten schlau. Die Tafel ***Energetische Nahrungsqualität*** (S. 113) zeigt Dir, wie Du auf einfache und sehr wirksame Art und Weise die energetische Schwingung Deiner Nahrung erhöhen und damit für Dich qualitativ aufwerten kannst. Die Tafel ***pH-Wert*** (S. 115) kann Dir helfen, Lebensmittel auszuwählen, die Deinem Körper zu einem harmonischen Säure-Base-Verhältnis verhelfen können. Mit Einschränkungen (Ergebnisse sorgfältig überprüfen!) auch zur Bestimmung des momentanen Säure-Base-Verhältnisses im Körper geeignet. Die Tafel ***Yin-Yang-Verhältnis*** (S. 116) kann Dir dabei helfen, festzustellen, wie *yin* oder *yang* ein Nahrungsmittel in Bezug zu Dir nun wirklich ist, wenn Du Dich zum Beispiel makrobiotisch ernährst. Die Angaben in der Literatur dazu sind naturgemäß ungenau. Mit Deinem Pendel kannst Du es nun überprüfen und Dir die passende Energiequalität zuführen. Weiterhin kannst Du mit dieser Tafel Deinen grundsätzlichen energetischen Zustand feststellen. Er sollte bei einem Mann ein wenig mehr *yang* und bei einer Frau ein wenig mehr *yin* als genau im Ausgleich der beiden Kräfte sein. Bei starken Abweichungen kannst Du oft allein mit Hilfe der passenden Nahrung zu Deiner Gesunderhaltung beitragen. Denke bei einer starken Yin- oder Yangorientierung immer daran, eine Belastung durch Störstrahlungen zu überprüfen (siehe Kapitel 7). Auch bei der Bestimmung der Energien von Heilsteinen, Aromen, Ortsenergien usw. ist diese Tafel sehr nützlich. Mit der Tafel ***Lebensenergiegehalt*** (S.117) kannst Du den Lebensenergiegehalt eines bestimmten Lebensmittels feststellen. Sehr praktisch, wenn Du Nahrung auswählen möchtest, die Dich möglichst wenig belastet und Deine Gesundheit in allen Bereichen fördert. Suche einfach die Lebensmittel mit dem höchsten Lebensenergiegehalt für Deine Ernährung aus! Natürlich kannst Du auch den momentanen Lebensenergiegehalt eines Menschen mit dieser Tafel feststellen, um Aufschluß über seinen gesundheitlichen Zustand zu bekommen. *Literatur: Gruppe VI - Thema Ernährung*

Mit der Tafel ***Edelsteine*** (S. 119) lassen sich passende Heilsteine für die Edelsteintherapie auswählen, mit der Tafel ***Anwendungsart*** (S.120) die zur Zeit für einen Zweck beste Form der Anwendung. Bevor Du Edelsteintherapie betreibst, solltest Du Dich gründlich über dieses Thema informieren! Heilsteine sind sehr wirksam und können bei unsachgemäßer Anwendung auch viel durcheinanderbringen! *Literatur: 40, 41*

Mit der Tafel ***Aromatherapie*** (S. 121) kannst Du Aromen für bestimmte Anwendungen auswählen. Zum Beispiel das gerade für Dich jetzt passende Öl bzw. die Ölmischung für Deine Duftlampe ermitteln oder für einen Freund ein die Fröhlichkeit förderndes Parfüm kreieren. *Literatur: 51, 52*

Die Tafel ***Systeme zur Lenkung und Befreiung der Lebensenergien*** (S. 122) bietet Dir eine Auswahl von Methoden zur Lenkung und Befreiung von Lebensenergien, die sowohl zur Heilung ernster Blockaden, als auch zur Förderung der spirituellen Entwicklung geeignet sind. Achte bei der Auswahl eines Therapeuten immer (!) darauf, daß Du Dich bei ihm sicher fühlst, einen "Draht" zu ihm hast. Sonst kann die beste Therapie nichts ausrichten. *Literatur: Gruppe VII -Thema: Alternative Therapien*

Mit der Tafel ***Farbtherapie*** (S. 123) kannst Du mit dem Pendel Farben und Farbmischungen bestimmen, die zur Entwicklungsförderung, Heilung oder zur Schaffung eines harmonischen Umfeldes, etwa in Wohnräumen, geeignet sind. *Literatur: Gruppe IV - Thema: Farben*

Die Tafel ***Affirmationen und Mantren*** (S.124) eignet sich gut zur Auswahl von Affirmationen und Mantren zur Förderung der spirituellen Entwicklung oder zur Harmonisierung eines bestimmten Problems. Die Anwendung ist denkbar einfach: Entspanne Dich, zum Beispiel indem Du Deinem Atem lauscht, und wiederhole laut oder in Gedanken die Affirmation oder das Mantra, solange Du Dich wohl damit fühlst. Nicht länger! Überprüfe alle paar Tage, ob ein Mantra/eine Affirmation noch für Dich paßt. Diese Methode bringt sehr viel in Bewegung. Wundere Dich nicht, wenn Du nach ein oder zwei Wochen Mantrameditation plötzlich "alles ganz anders siehst".

Mit der Tafel ***Meditation*** (S.125) kannst Du eine geeignete Meditationsform auswählen. Achte, wie bei der Auswahl eines Therapeuten, immer darauf, ob Du eine gute Beziehung zu Deinem Meditationslehrer hast, sonst klappt die beste Meditation nicht. Ohne erfahrenen Lehrer solltest Du nicht längere Zeit meditieren - Du könntest Dir sonst möglicherweise schaden!

Die Tafeln auf den Seiten 127 - 132 können Dir bei der Ermittlung geeigneter ***Blütenessenzen und homöopathischer Mittel*** zur Heilung oder Entwicklungsförderung behilflich sein. Nimm auf keinen Fall irgend etwas von diesen Mitteln, ohne Dich vorher gründlich über das Thema informiert zu haben. Im Zweifelsfall frage einen Profi um Rat. Für den Laien sollen diese Tafeln eine Möglichkeit zur Selbstbehandlung von Bagatellerkrankungen sein. *Literatur: 42 bis 49*

Die Pendeltafeln auf den Seiten 133 - 136 sollen Dir den Umgang mit dem recht komplizierten menschlichen Energiesystem erleichtern. Zum Beispiel kannst Du mit der Tafel ***Hauptchakren***

(S. 135) herausfinden, an welchem Deiner Hauptchakren Du zur Zeit arbeiten solltest, um Deine Entwicklung zu fördern, optimale Bedingungen für die Heilung einer Erkrankung zu schaffen oder die Auflösung einer Disharmonie in einer Beziehung zu fördern. Oder Du kannst mit dieser Tafel feststellen, auf welches Chakra eine bestimmte Ortsenergie/ein Heilstein/ein Aroma etc. besonders stark wirkt.
Eine weitere Möglichkeit: Wenn Du mit jemandem eine Beziehung eingehen möchtest, frage danach, im Bereich welcher Chakren zwischen euch Harmonie herrscht und wo nicht. Dann kannst Du die Stärke der Harmonie bei jedem Chakra mit Hilfe der Tafel ***Lebensenergiegehalt*** (S.117) in Prozenten feststellen und erhältst so ein genaues Bild von Deinen derzeitigen Möglichkeiten in dieser Beziehung. Aber denke daran: Diese Auswertung kann immer nur den momentanen Zustand beschreiben! Teste also öfter mal, um das Bild abzurunden. Wenn Du ein Beziehungsproblem hast, kannst Du mit dieser Tafel feststellen, im welchem Chakra-Bereich die wirkliche Wurzel der Disharmonie liegt. Dies kann sehr viel zur Beseitigung von Mißverständnissen und zur Harmonisierung einer Beziehung beitragen. Verwende dazu auch die Tafel ***Sympathie/Antipathie*** (S. 142). *Literatur: Gruppe V - Thema Chakren und feinstoffliches Energiesystem; 53, 54, 59-61*

Die Tafel ***Wege*** (S. 138) gibt Dir die Möglichkeit, mit der Hilfe Deines Pendels herauszubekommen, wie die Entwicklung eines Menschen konkret gefördert werden, beziehungsweise wie er mit einer bestimmten Schwierigkeit in seinem Leben zurechtkommen kann. *Literatur: Gruppe VIII - Thema: Spirituelles Wachstum; 4, 28, 29, 42, 53*

Mit der Tafel ***Traumdeutung*** (S.139) kannst Du mehr davon verstehen, was ein bestimmter Traum ausdrücken sollte. Mit der Tafel ***Hauptchakren*** (S.135) kannst Du feststellen, welches Hauptchakra den Traum am meisten geprägt hat.

Die Tafel ***Orakel und Wegweiser*** (S.140) hilft Dir weiter, wenn Dein Pendel überfragt ist und Du ein wirkliches Orakel, das heißt eine Verbindung zu Deinem Hohen Selbst, brauchst, um Klarheit in eine Angelegenheit zu bringen. Es gibt eine Menge Orakel, und es wird Dir nicht unbedingt jedes sympathisch sein. Mit welchem Du am besten in bezug auf eine bestimmte Frage zurecht kommst, kann Dir Dein Pendel aber verraten. *Literatur: Gruppe II - Thema: Orakel*

Die Tafeln zu ***Beziehungen und Partnerschaft*** (S. 141 - 145) geben Dir eine Menge Möglichkeiten in die Hand, mit Beziehungen harmonischer umgehen zu können. Mit der Tafel ***Sympathie/ Antipathie*** (S.142) kannst Du die grundsätzliche Sympathie/ Antipathie zwischen zwei Menschen oder auch innerhalb einer Gruppe ermitteln. Wenn Du zum Beispiel fragst, wie hoch die momentane grundsätzliche Sympathie in dem Tennisverein XY bei den Mitgliedern untereinander ist, und Du bekommst etwa 10 Prozent heraus, kannst Du davon ausgehen, daß vor lauter Reibereien in diesem Klub kaum noch etwas Sinnvolles passiert. Ähnliches läßt sich auch für die Belegschaften von Firmen, die Nachbarschaft in einem Haus, den Kindergarten, Schulklassen etc. machen. Wenn Du den grundsätzlichen Wert bestimmt hast und tiefer einsteigen willst, kannst Du die Energie jedes einzelnen Hauptchakras auf den Sympathiewert hin abfragen. Also etwa: "Wie hoch ist der momentane Sympathiewert in bezug auf die Energie des 1. Chakras in dem Tennisverein XY bei den Mitgliedern untereinander?" So erhältst Du einen genauen Überblick und bist in der Lage, die harmonischen Beziehungsbereiche, die verstärkt werden können, von den disharmonischen, die geklärt oder geschwächt werden müssen, zu trennen. Für zwei Menschen läßt sich diese Untersuchung natürlich genauso durchführen. Mit der Tafel ***Thema der Beziehung*** (S.143) kannst Du das momentane Thema einer Beziehung herausarbeiten. Diese Themen wechseln in unregelmäßigen Abständen. Wenn die Betroffenen wissen, worum es zur Zeit in ihrer Beziehung geht, können sie sich darauf einstellen und eine Menge mehr Harmonie erleben. Die Tafel ***Beziehungsschwierigkeiten auflösen*** (S. 144) gibt Dir einige Vorschläge zur Auflösung von Beziehungsschwierigkeiten. Lies bitte auch den nächsten Abschnitt über den Umgang mit Geld. Dort gibt es weitere Lösungsansätze für Beziehungsprobleme. *Literatur: IX. Thema: Beziehungskisten, 3, 4, 7, 8, 10, 11, 12, 29, 42, 53, 56, 57, 58*

*Last but not least* geht es um das liebe Geld ...! Ein höchst spirituelles Thema übrigens, denn Geld ist ein absolut neutrales Medium, das jeder, der es weitergibt mit seinen individuellen Energien auflädt, die dadurch auf andere übertragen werden. Da Geld ein Energiebote ist, zeigt sich an dem Verhältnis eines Menschen zur "Kohle" auch sein Verhältnis zum Nehmen und Geben, zum Akzeptieren von Liebe und Zuwendung, zum Mitfließen im ewigen Energiestrom der Schöpfung. Nimmt und gibt er freudig und verantwortungsbewußt, oder hat er Schwierigkeiten mit dem kreativen Prozeß des Energieaustausches, der auch Leben genannt wird?! Nun denn - mit den Tafeln ***Geld Beruf und Besitz*** (ab S. 146) läßt sich ermitteln, wie jemand konstruktiv mit disharmonischen Berufssituationen umgehen kann. Als Ergänzung kannst Du natürlich noch mit der Tafel ***Hauptchakren*** (S. 135) nach dem an diesen Schwierigkeiten am meisten beteiligten Hauptchakra fragen und mit der Tafel ***Sympathie/Antipathie*** etwaige Beziehungsstörungen zu Kunden oder Kollegen untersuchen. Manchmal empfiehlt es sich, auch ein passendes Orakel (S. 140) um Auskunft zu bitten, mit Edelsteinen (S. 119), Blütenessenzen (S. 127), Aromen (S. 121) oder mit Wegen zur Entwicklung (S. 138) zu arbeiten. Diese Möglichkeiten gelten natürlich sinngemäß auch für die Bearbeitung von Beziehungsproblemen (S. 141 - 145).

Den harmonischen und liebevollen Umgang mit Besitz kann jeder lernen! Ansätze dazu kannst Du mit der Tafel Besitz (S. 148) ermitteln. Als Ergänzung auch hier wieder die Arbeit mit den Tafeln auf Seite 135, 138, 119, 127 u.a. Viele Menschen haben Schwierigkeiten mit Geld. Entweder meinen sie, nicht genug zu haben, haben tatsächlich nicht genug, bangen um Geldverluste oder verwechseln "viel Geld haben" oder "wenig Geld haben" mit "glücklich sein" und "unglücklich sein" . Tatsache ist, daß jeder mit der Menge von Geld optimal versorgt ist (= glücklich sein kann), die er gerade braucht, um anstehende Lernerfahrungen und Wachstumsprozesse zu bewältigen. Hat er mehr, muß er zuviel Energie vom Lernen abziehen und auf den Umgang mit Geld verwenden. Hat er zuwenig, fehlen ihm viele Möglichkeiten, zu lernen, was gerade ansteht. Mit der Tafel ***Geldprobleme lösen*** (S. 150) kannst Du in diesen Bereichen für Klärung sorgen. Auch hier kannst Du mit den Tafeln auf den Seiten 135, 124, 128 und 137 ergänzend arbeiten.

Das war's! Viel Freude beim Pendeln und Licht und Liebe auf Deinem Weg wünsche ich Dir von Herzen.

# Kommentierte Bibliographie

In der folgenden Liste findest Du eine Menge interessante Literatur zu den in diesem Buch angesprochenen Themen. Wenn Du Dich damit beschäftigst, wirst Du feststellen, daß dort nicht unbedingt dieselben Meinungen vertreten werden wie von mir. Das soll so sein. Meiner Ansicht nach gibt es keine für alle Menschen und alle Zeiten passenden "richtigen" Auffassungen. Jeder muß seinen eigenen Weg finden und gehen, da jeder Mensch absolut einzigartig ist. Denk- und Fühlanstöße von anderen sind sehr wichtig, können aber immer nur Hilfen sein und nicht die Anstrengungen den eigenen "richtigen" Standpunkt zu finden, ersetzen.

In diesem Sinne: setze Dich mit meinen wohlüberlegten und auf immer wieder überprüfter Erfahrung beruhender Thesen auseinander und arbeite damit – und tue dasselbe mit den Ansätzen anderer seriöser Praktiker. Dann wirst Du mit der Zeit Deinen Weg finden. Viel Spaß dabei!

## I. Thema: Orakel

***"Karten der Kraft"*** von Sams/Carson, Windpferd Verlag. Ein auf indianisch/schamanischer Tradition aufbauendes Karten-Orakel, das einfach, aber trotzdem (oder gerade deshalb) sehr tiefgreifend ist. Auch für Anfänger gut geeignet, spannend und romantisch. Es bietet unter anderem eine sehr feinfühlige und bildhafte Interpretation von feinstofflichen Energiequalitäten.

***"Runen"*** von Ralph Blum, Hugendubel Verlag. Ein sehr interessantes Orakel, das sich m. E. besonders gut zur spirituellen Standortbestimmung eignet.

***"Das Runen Handbuch"*** von Reinhard Florek, Windpferd Verlag. Erklärungen zu der Bedeutung der Runen. Körperübungen, um die Runenenergie zur Förderung der Gesundheit und des persönlichen Wachstums einzusetzen, Runen-Mudras (Handhaltungen, die bestimmte feinstoffliche Energien mobilisieren) u. v. m. Sehr interessant!

***"Das Arbeitsbuch zum I Ging"*** von R. L. Wing, Hugendubel Verlag. Das alte chinesische Weisheits- und Orakelbuch wird von der Autorin in moderner, knapper und auch für Laien verständlicher Form dargestellt.

***"I Ging – Das Buch der Wandlungen"*** von Richard Wilhelm, Diederichs Verlag. Die wohl kompetenteste und umfassendste Übersetzung des I Ging. Einarbeitung ist notwendig und lohnt sich.

***"I Ging – das Buch vom Leben"*** von René van Osten, Windpferd Verlag. In diesem Buch werden die grundlegenden Aspekte, die Voraussetzung zum Verständnis des I Ging mit seiner Hexagrammstruktur sind, innere Zusammenhänge und übergreifende Strukturen kurz und klar beschrieben. Der Stil folgt der Tradition der tiefen Weisheit und baut zugleich sprachliche Brücken zum 20sten Jahrhundert. Ein sehr hilfreiches Buch, um die dem I Ging innewohnende Welt- und Weitsicht für sich selbst auszuloten.

***"Das Tarot-Handbuch"*** von Hajo Banzhaf, Hugendubel Verlag. Eine ausführliche und leicht verständliche Einführung in das Tarot-Orakel. Sehr empfehlenswert für Anfänger und Fortgeschrittene.

***"Namen – das ausgesprochene Geheimnis"*** von Angelika Hoefler, Windpferd Verlag. Das (!) Buch über praktische Kabbalistik. Verständlich, umfassend und praxisgerecht von der seit vielen Jahren mit diesem Thema beschäftigten Autorin serviert.

*"Das Mysterium der Zahl"* von F. C. Endres und A. Schimmel, Diederichs Verlag. Viel interessantes Hintergrundwissen über Zahlen und Numerologie. Sehr empfehlenswert, um zu verstehen, warum bestimmten Zahlen eine bestimmte Bedeutung zugeordnet wird.

## II. Thema: Pendeln und Radiästhesie

*"Pendeln"* von Anton Stangl, Econ Verlag. Ein praxisorientiertes Buch über Pendeln und Radiästhesie von einem erfahrenen Autor. Viele Pendeltafeln mit ausführlichen Erläuterungen.

*"Pendeln"* von Tom Graves, Aurum Verlag. Eine Fülle von interessanten Anregungen und Informationen für die eigenen Exkursionen. Hat mir oft weitergeholfen.

*"Symphonie der Lebenskräfte"* von Paul Schmidt, ISBN 3-98013-040-1. Der Autor hat eine Menge Erfindungen im Bereich der Radiästhesie gemacht, die sehr gut funktionieren und produziert viele davon selbst. Dieses Buch nimmt zwar viel Bezug auf sein Verkaufsprogramm, ist aber trotzdem lesenswert, weil eine Menge wichtiger Informationen und Zusammenhänge über feinstoffliche Energien und den Umgang mit ihnen zusammengetragen sind.

*"Das Geheimnis des Vakuums. Schöpfungstanz, Bewußtsein und Freie Energie"* von John Davidson, Omega-Verlag, Düsseldorf. In diesem Buch geht es um die schöpferische Energie, die allem Sein zugrunde liegt, um die letzten Geheimnisse der physikalischen und geistigen Welt. Der Autor legt aus der Sicht des Mystikers dar, daß das physikalische Vakuum, das scheinbare „Nichts“, in Wahrheit ein energiegeladener, formbilden-

der Zustand feinstofflicher Substanz ist, auch Äther oder Akasha genannt. Er zeigt auf, wie dieses als Schnittstelle zwischen biologischem Leben und höheren Seinsebenen dienen könnte.

***"Das richtige Pendeln"*** von Werner Giessing, Windpferd Verlag. Ein sehr schön illustriertes Buch, in dem man alles über Auswahl des Pendels, seiner Form, Praxis, Hintergründe, Vorteile, Gefahren etc. erfährt.

## III. Thema: Farben

***"Kunst der Farbe"*** von Johannes Itten, E.A. Seemann, Leipzig. Studienausgabe. Einer der "Farbpäpste" unserer Zeit. Schreibt kenntnisreich und intelligent zur Farbenlehre. Ein Grundlagenwerk mit ausgezeichneten Farbtafeln.

***"Das Farben-Heilbuch"*** von W.-M. Hulke, Windpferd Verlag. Ein praxisorientiertes Buch über den Umgang mit Farben, ihre Wirkungen auf den Menschen, Heilanwendungen und Beziehungen zum feinstofflichen Energiesystem.

***"Die geheimnisvollen Kräfte der Farben – offenbart –"*** von D. van Straten, Windpferd Verlag. Mit vielen anleitungen und Texts sowie Diagnosen und Selbstbehandlungen. Zeigt eine andere Art der Farbdeutung über die Farbtemperatur der Farben des Kosmos.

***"Die großen Farb-Diagnose-Karten"*** von Jürgen Pfaff, Windpferd Verlag. Ein intuitives Farb-Selektionssystem für Farbkarten und farbige Seidentücher. Sehr inspirierend...

***"Farben – Kinder des Lichts"*** von Annemarie Strebel, Windpferd Verlag. Das Wesen des Lichts in der Energie der Regenbogenfarben für Gesundheit, Wohlbefinden und spirituelles

Wachstum. Liest sich leicht und gibt einen schnellen und guten Überblick über viele praktische Farbanwendungen.

## IV. Thema: Chakren und Energiesystem

*"Das Chakra-Handbuch"* von Bodo Baginski und Shalila Sharamon, Windpferd Verlag. Ein ausgezeichnetes Werk, um sich vertiefend und auf sehr praktische Art mit der Chakrenlehre zu befassen. Flüssig, spannend und leicht verständlich geschrieben. Viele Zuordnungstabellen und Übungen. Dazu gibt es von dem Autorenteam die Musik-Kassette "Chakra-Meditation" mit Begleitbroschüre, auch bei Windpferd erschienen. Beides ist sehr empfehlenswert!

*"Die Chakra-Energie-Karten"* von Walter Lübeck, Windpferd Verlag. Obwohl die Chakra-Energie-Karten ein in sich geschlossenes System bilden, lassen sie sich in nahezu jedes andere spirituelle System einfügen. Das Karten-Set enthält heilende Affirmationen und Heilungs-Siegel der Großen Göttin und ihrer Engel für die verschiedenen Wirkungsbereiche der feinstofflichen Energiezentren von Haupt- und Nebenchakren sowie Aurafelder und lädt zum spielerisch-kreativen Umgang mit den Kräften des Energiekörpers ein – und unterstützt zudem jede Form von Heilungsarbeit.

*"Das Arbeitsbuch zu den Chakras"* von Klausbernd Vollmar, IRIS, Amsterdam. Gute Beschreibungen zu den Energiezentren und viele Denk- und Fühlanstöße machen dieses kenntnisreich geschriebene Buch zu einem wichtigen Begleiter auf dem Weg.

*"Der feinstoffliche Körper"* von J. Mann/ L. Short, Windpferd Verlag. Eine umfassende und genaue Darstellung des feinstoff-

lichen Energiesystems des Menschen in den verschiedenen Traditionen (Buddhismus, Hinduismus, Taoismus usw.).

***"Das Aura-Heilbuch"*** von Walter Lübeck, Windpferd Verlag. Eine Schritt für Schritt Anleitung zum Erlernen (Wiederzulassen!) der feinstofflich-energetischen Wahrnehmung bis hin zum farbigen Aura- und Chakralesen und -deuten. Mit einer ausführlichen Erklärung des menschlichen Energiesystems, der Haupt- und Nebenchakren, der Aura, der Meridiane u. v. m.

***"Die heilende Kraft der Emotionen"*** von Dr. John Diamond, Verlag für angewandte Kinesiologie. Nicht direkt chinesisch, aber an das Meridian-System angelehnte Abhandlung über Kinesiologie. Interessante Zuordnungen u. a. zu Gefühlsenergien und praktische Überprüfungsmethoden des Zustandes der Meridiane sowie Harmonisierungsmöglichkeiten.

***"Tao Yoga der Liebe"*** von Mantak Chia, W. Ludwig Verlag. Eine Einführung in das uralte System des Tao Yoga mit vielen Übungen und Informationen über das innere Energiesystem.

## V. Ernährung

***"Harmonische Ernährung"*** von Dr. D. Ottfried Weise, Frederiksen/Weise Verlag. Ein Buch über Frischkosternährung und andere Diätarten. Nicht dogmatisch geschrieben, was in diesem Ernährungsbereich selten ist, und auch offen für die Grenzen dieser Ernährungsform. Viele interessante Literaturhinweise. Lesenswert!

***"Unsere Nahrung – unser Schicksal"*** von Dr. M. O. Bruker, emu-Verlag, Lahnstein. Vom Vollwertpapst über vollwertige Ernährung.

***"Chinesische Heilkunde in unserer Ernährung"*** von Dr. G. Fisch. Eine umfassende Darstellung der traditionellen chinesischen Ernährung. Ein interessanter Kontrapunkt und wichtige Ergänzung zur Makrobiotik.

***"Das große Buch der makrobiotischen Ernährung und Lebensweise"*** von Aveline und Michio Kushi, Ost-West Bund. Eine Einführung in die Makrobiotik.

***"Das Ayurveda-Kochbuch"*** und ***"Die Grundlagen ayurvedischer Kochkunst"*** beide von H. Johari, Windpferd Verlag. Beschreibungen von Theorie und Praxis der alten indischen "Gesundheitsküche".

***"Das Handbuch für Allergiker"*** von Henning Müller-Burzler, Windpferd Verlag. Das Allergie-Syndrom erkennen und heilen: Neurodermitis, Asthma, Heuschnupfen, Hyperaktivität u.a..

***"Gesund und Allergiefrei"*** von Henning Müller-Burzler, Windpferd Verlag, Reihe Schangrila. Eine Entdeckungsreise in die Heil- und Aufbaukräfte der Nahrung. Zeigt neue Weg zu umfassender Heilung mit einer natürlichen und ganzheitlichen Methode. Wer sich umfassend und ganz grundlegend über Zusammenhänge der gesunden und heilenden Ernährung informieren möchte, hat hiermit ein hervorragendes Kompendium in der Hand. Eine Art-Ernährungsbibel!

## VI. Thema: Alternative Therapien

***"Edelsteine und Sternzeichen"*** von B. Baginski und S. Sharamon, Windpferd Verlag. Nicht nur astrologische Zuordnungen, sondern auch Heilwirkungen, Anwendung, Fundorte usw. Eine Fundgrube für Edelsteinfreunde. Ein Pionierwerk.

***"Heile Dich selbst mit den Bachblüten"*** von Dr. E. Bach u. J.E. Petersen, Droemer, München. Eine Darstellung der Arzneimittelbilder aller Bachblüten mit einem kleinen aber feinen Repertorium (Zuordnung von Symptomen zu Blütenessenzen) und den Ansichten von Dr. Bach über Krankheit, Gesundheit und Heilung.

***"Das große Handbuch der Homöopathie"*** von Eric Meyer (Hrsg.), Ariston Verlag, München. Eine Art Einführung in die Homöopathie mit einer umfangreichen Hausapotheke, sowie Informationen zur natürlichen Gesundheitsvorsorge und über die Ursachen von Erkrankungen.

***"Medizin der Zukunft"*** von Georgos Vithoulkas, Georg Wenderoth Verlag. Eine leichtverständliche Einführung in die Homöopathie und geht absolut ganzheitlich in Therapie und Diagnose mit dieser wunderbaren Heilkunst um.

***"Der praktische Homöopath"*** von Wilhelm Eichsteller, Artha-Verlag, Oy-Mittelberg. Markante Leitsymptome in der homöopathischen Praxis. Unentbehrlich zum Nachschlagen und Überprüfen der Pendelergebnisse.

***"Reiki – Der Weg des Herzens"*** von W. Lübeck, Windpferd Verlag. Was Reiki ist, wie es wirkt und wie Du es zu einem individuellen Lebensweg für Dich machen kannst..

***"Das Reiki-Handbuch"*** von W. Lübeck, Windpferd Verlag. Praktische Anwendungen von Reiki, ausführlich beschrieben und ergänzt durch dafür wichtige Hintergrundinformationen über das Energiesystem, die Wirkung von Reiki auf Körper, Seele und Geist u. v. m.

*"Rainbow Reiki"* von W. Lübeck, Windpferd Verlag. Neue Techniken zur Erweiterung des Reiki-Systems, z. B. Aura- und Chakra-Arbeit, Rainbow-Reiki-Mandalas, Zusammenarbeit mit Freunden aus den feinstofflichen Dimensionen, Energiearbeit mit Orten der Kraft, Reiki-Essenzen in der praktischen Anwendung u. v. m.

*"Das Reiki-Kompendium"* von Walter Lübeck, Frank Arjava Petter, William Lee Rand, Windpferd Verlag. Ein umfassendes Handbuch über das Reiki-System. Von der Tradition bis zur Gegenwart: Grundlagen, Übertragungslinien, Originalschriften, Meisterschaft, Symbole, Techniken, Behandlungen, Reiki als spiritueller Lebensweg u. v. m.

*"Das Reiki Feuer"* von Frank Arjava Petter, Windpferd Verlag. Neues über den Ursprung der Reiki-Kraft. Das komplette Lehr- und Arbeitsbuch, frisch und mitreißend und in spirituellem Geist geschrieben.

*"Reiki – Das Erbe des Dr. Usui"* von Frank A. Petter, Windpferd Verlag. Neue Informationen und Dokumente zu dem Begründer des Reiki, Dr. M. Usui. Wiederentdeckte Dokumente zu den Ursprüngen und Entwicklungen des Reiki-Systems, neue Aspekte der Reiki-Energie. Sehr interessant und spannend!

*"Yu Sen – Sprudelnder Quell"* von Wilfried Rappenecker, Goldmann Verlag. Ein ausgezeichnetes Anleitungsbuch für die Shiatsu Praxis. Auch empfehlenswert für alle, die sich mit Meridianen und entsprechender Energiearbeit beschäftigen.

## VII. Thema: Spirituelles Wachstum

***"Einverstanden sein"*** von Sharamon/Baginski, Windpferd Verlag. Ein wichtiges Buch, in dem wesentliche Erkenntnisse verständlich zusammengefaßt sind, die für spirituelle Entwicklung hilfreich sind.

## VIII. Thema: Beziehungskisten

***"Das Mann/Frau Buch"*** von Ron Smothermon, J. Camphausen, Bielefeld. Was die Ursachen von Beziehungsproblemen sind und wie sie sich auflösen lassen.

# Adressen und Bezugsquellen

Die im Buch erwähnte Aufstellung von Anbietern von Entstörgeräten, sowie die Anschrift bzw. Internetadresse des Autoren und eine Übersicht über alle von Walter Lübeck veröffentlichten Titel findet sich im Internet unter folgender Adresse:

**www.windpferd.com.**

Im Inhaltsverzeichnis unserer Homepage findest Du die Rubrik "Service-Adressen". Diese führt zu einer Liste mit allen Büchern, zu denen uns Service-Adressen vorliegen. Wähle hieraus den Titel dieses Buches.

# Gruppenverzweigungstafel

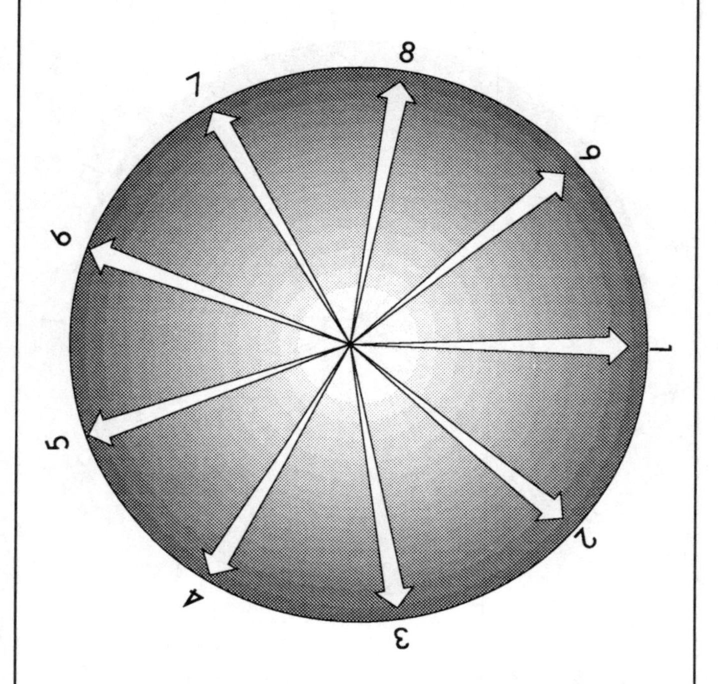


**1** Fehlerkorrektur, S.102
**2** Gesundheit und Anatomie, S. 103
**3** Ernährung, S.108
**4** Energiearbeit, S.118
**5** Homöopathie und Bachblüten, S.126
**6** Spirituelles Wachstum und Selbsterkenntnis, S. 134
**7** Beziehungen und Partnerschaft, S. 141
**8** Geld, Beruf und Besitz, S. 146
**9** Eigene Pendeltafel, S. 151

# Fehlerkorrektur

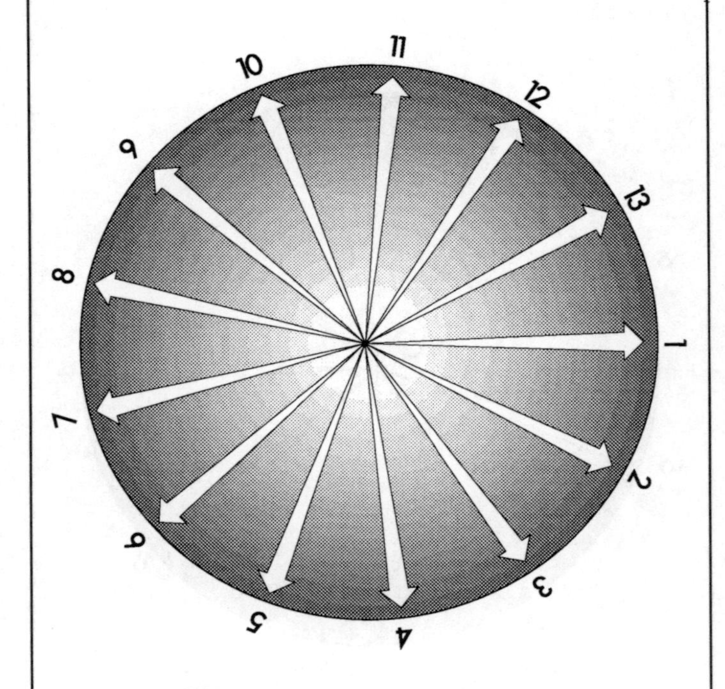


**1** äußere Störeinflüsse
**2** kein Vertrauen
**3** Voreingenommenheit
**4** kein ernsthaftes Interesse
**5** Antwort nicht auf dieser Tafel
**6** Eitelkeit
**7** unkompetent
**8** unkonzentriert
**9** zu müde
**10** störender magischer Einfluß
**11** die Intimsphäre des andern achten
**12** darf zur Zeit nicht beantwortet werden
**13** Fehler

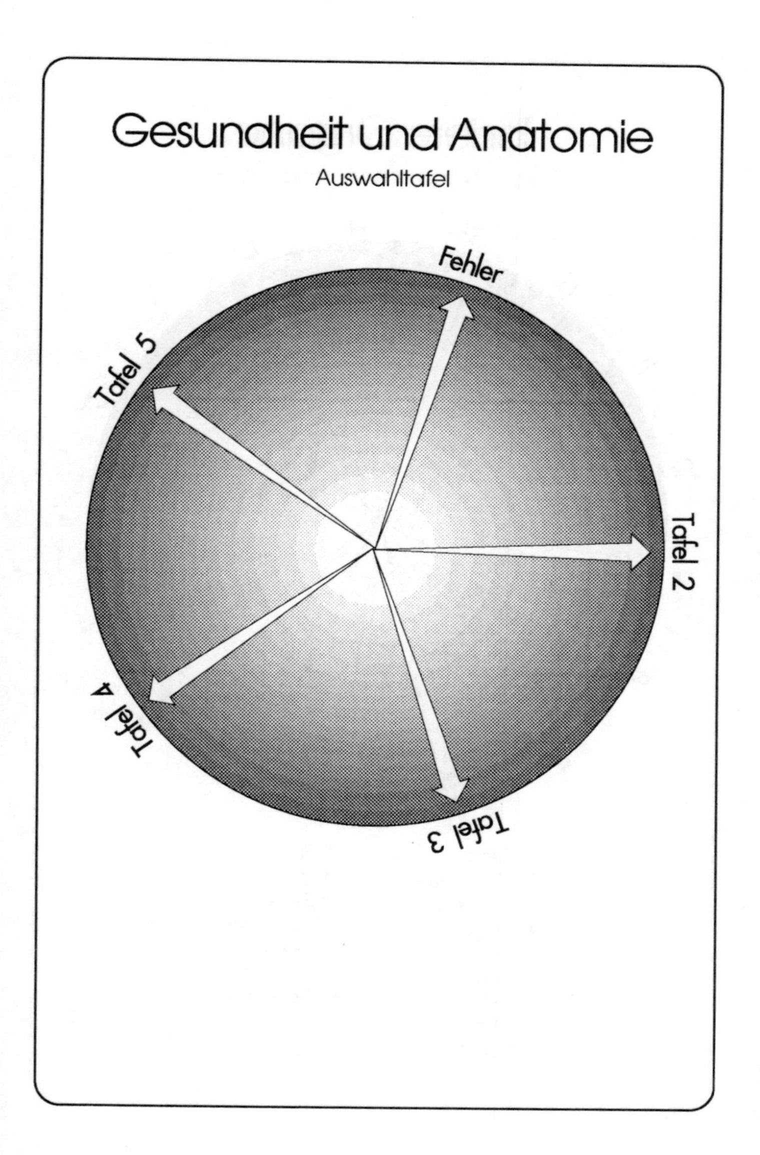

Gesundheit und Anatomie
Auswahltafel
Fehler
Tafel 5
Tafel 2
Tafel 4
Tafel 3

# Innere Organe

## Gesundheit und Anatomie - Tafel 2

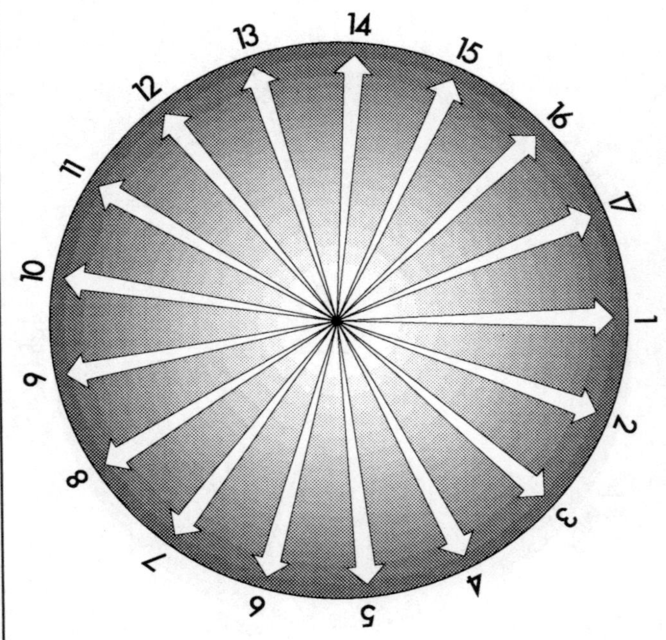


**1** Gehirn
**2** Rückenmark
**3** Wirbelsäule
**4** Lunge
**5** Herz
**6** Nieren
**7** Gallenbase
**8** Knochenmark
**9** Magen
**10** Pankreas
**11** Milz
**12** Blase
**13** Sexualorgane
**14** Dickdarm
**15** Dünndarm
**16** Zwölffingerdarm
**17** Fehler

# Drüsen

## Gesundheit und Anatomie - Tafel 3

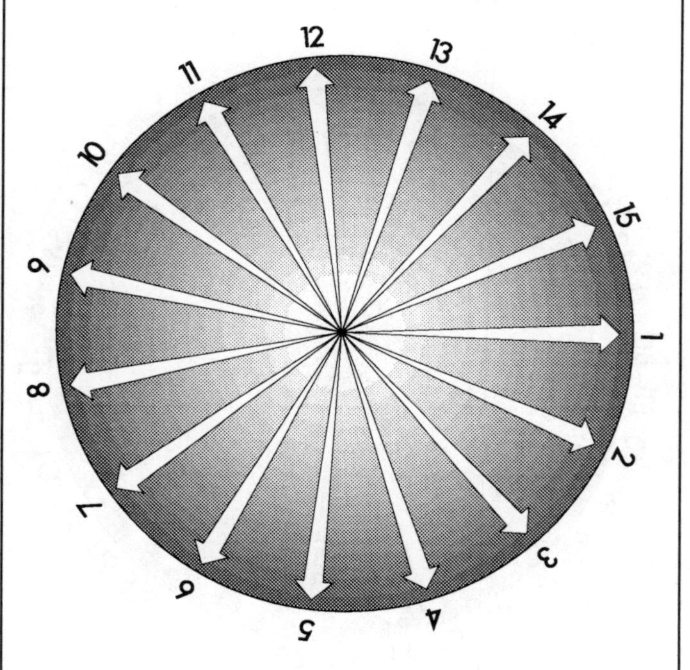


**1** Magen
**2** Darm (exkretorisch)
**3** Darm (inkretorisch)
**4** Leber
**5** Schilddrüse
**6** Nebenschilddrüse
**7** Nebennieren
**8** Lungendrüse
**9** Speicheldrüsen
**10** Thymus
**11** Pankreas
**12** Zirbeldrüse
**13** Hypophyse
**14** Geschlechtsdrüsen
**15** Fehler

# Wirbelsäule

Gesundheit und Anatomie - Tafel 4

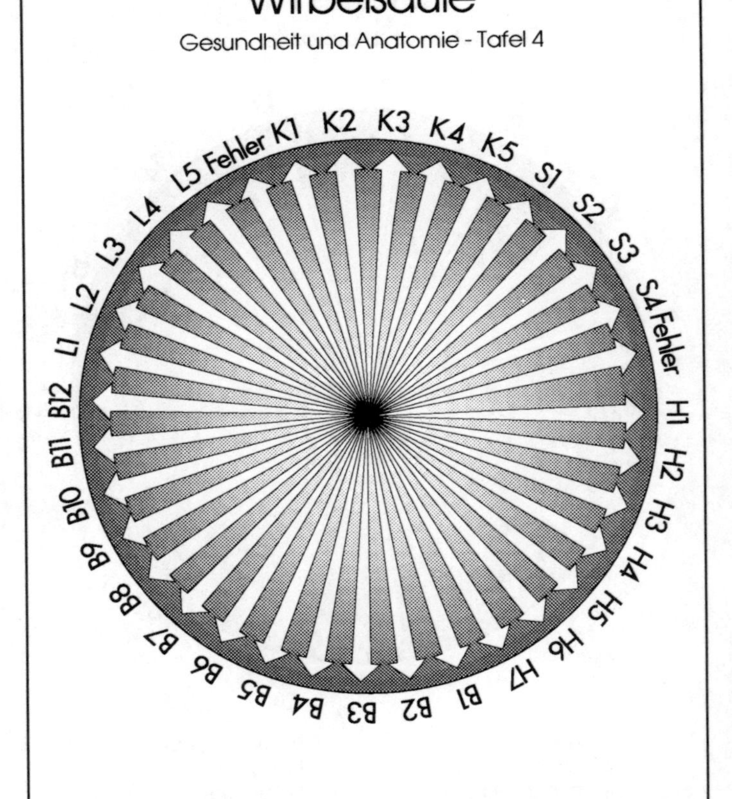


**H 1-7** Halswirbel 1, 2, 3, 4, 5, 6, 7

**B 1-12** Brustwirbel 1, 2, 3, 4, 5, 6, 7, 8, 9, 10, 11, 12

**L 1-5** Lendenwirbel 1, 2, 3,4 , 5

**K 1-5** Kreuzwirbel 1, 2, 3, 4, 5

**S 1-4** Steißwirbel 1 ,2, 3, 4

Fehler

# Ursachen von Erkrankungen

Gesundheit und Anatomie - Tafel 5

22 23 24 25 26 27 28 29 1 2 3 4 5 6 7 8 9 10 11 12 13 14 15 16 17 18 19 20 21

1 Erdstrahlung
2 technische Störstrahlung
3 Narben
4 Wirbelsäule
5 Zähne
6 disharmonische Haltung
7 zuwenig Vitalstoffe
8 zuwenig Wasser
9 zuviel Wasser
10 körperliche Unterforderung
11 geistige Unterforderung
12 emotionale Unterforderung
13 sonstige Herde
14 mangelnde Entgiftungsfähigkeit
15 mangelnde Aufnahmefähigkeit
16 falsche Ernährung
17 Radioaktivität
18 chronische Infektion
19 Karma
20 körperliche Überlastung
21 geistige Überlastung
22 emotionale Überlastung
23 disharmonische Ortsenergie
24 disharmonische Beziehung
25 Chakrablockade
26 Meridianblockade
27 Besetzung
28 Drogen
29 Fehler

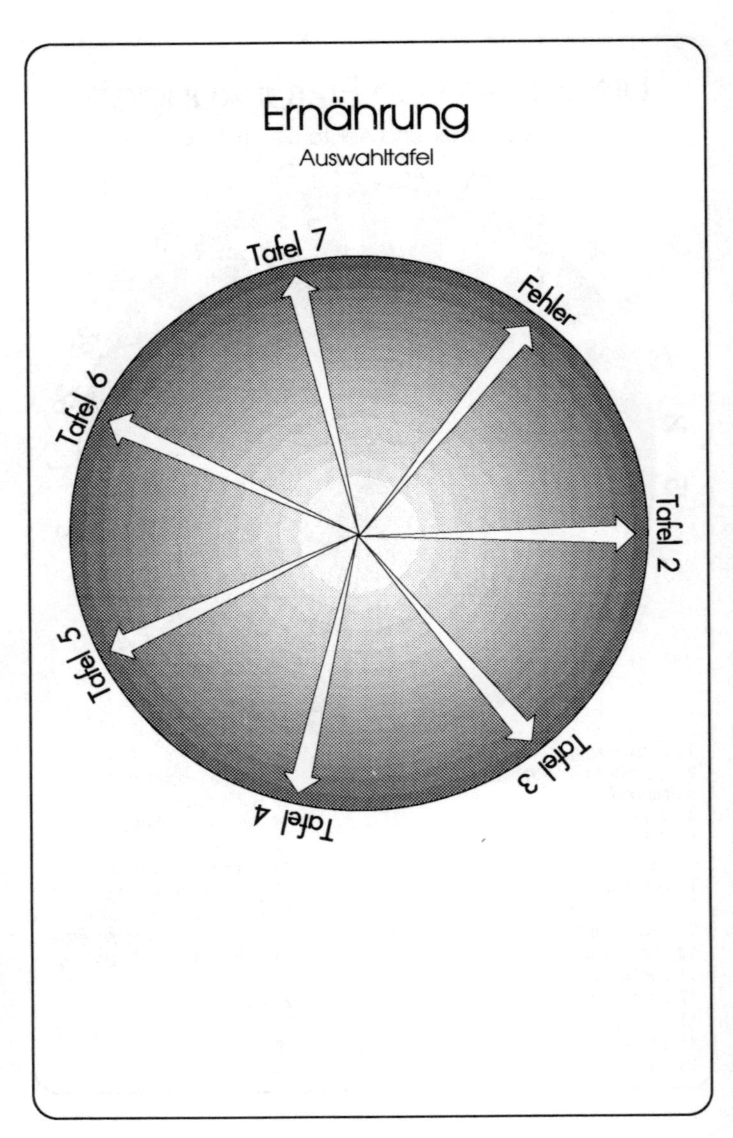
Ernährung
Auswahltafel
Tafel 7
Fehler
Tafel 6
Tafel 2
Tafel 5
Tafel 3
Tafel 4

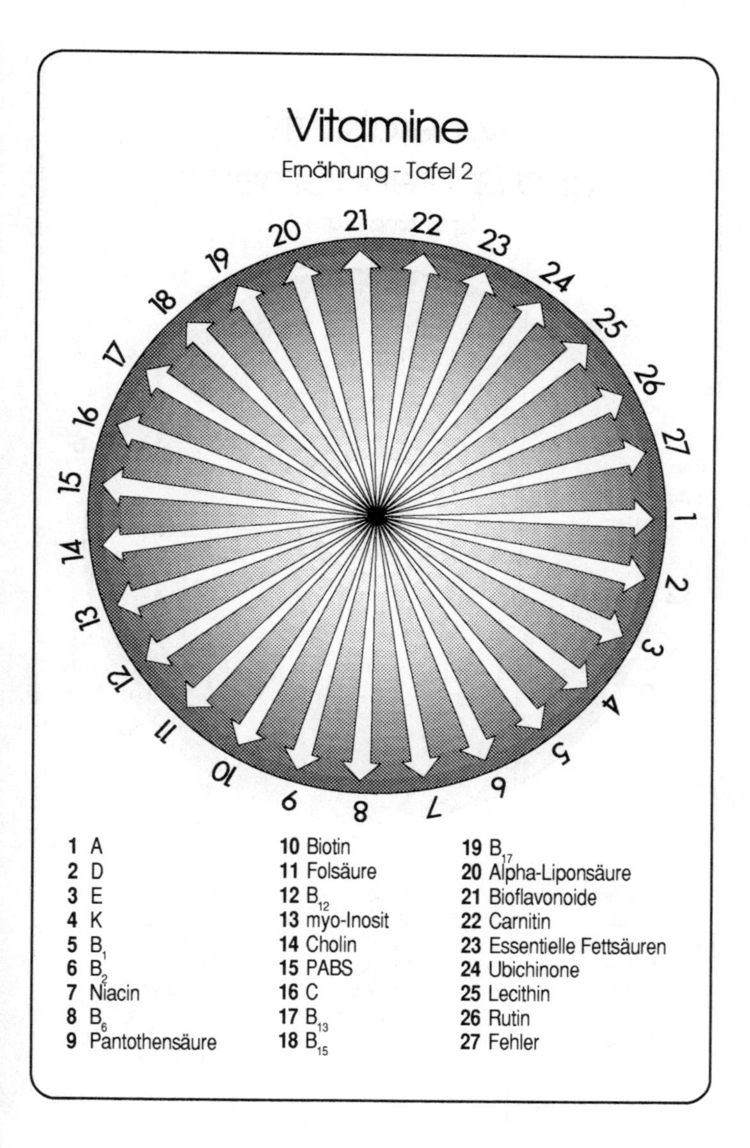


**1** A
**2** D
**3** E
**4** K
**5** $B_1$
**6** $B_2$
**7** Niacin
**8** $B_6$
**9** Pantothensäure
**10** Biotin
**11** Folsäure
**12** $B_{12}$
**13** myo-Inosit
**14** Cholin
**15** PABS
**16** C
**17** $B_{13}$
**18** $B_{15}$
**19** $B_{17}$
**20** Alpha-Liponsäure
**21** Bioflavonoide
**22** Carnitin
**23** Essentielle Fettsäuren
**24** Ubichinone
**25** Lecithin
**26** Rutin
**27** Fehler

# Mineralstoffe und Spurenelemente

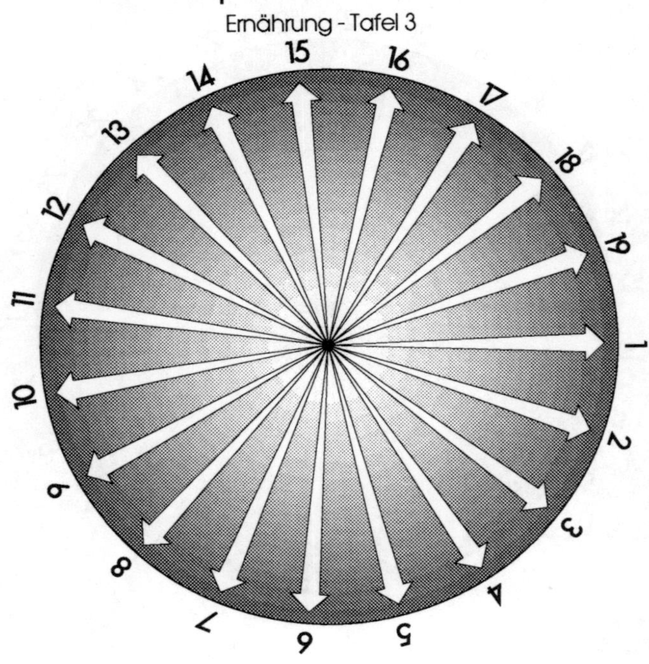


1 Eisen
2 Fluor
3 Magnesium
4 Kupfer
5 Calcium
6 Kalium
7 Kobalt
8 Jod
9 Bor
10 Silicium
11 Silber
12 Gold
13 Lithium
14 Zink
15 Nickel
16 Blei
17 Aluminium
18 Zinn
19 Fehler

# Verschiedene Ernährungsarten

Ernährung - Tafel 4

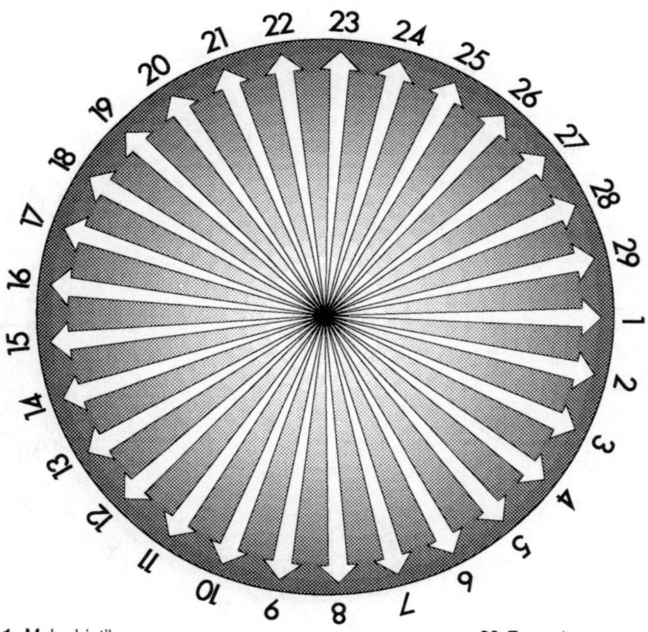


**1** Makrobiotik
**2** Haysche Trennkost
**3** Frischkost
**4** Fit-for-Life
**5** Vollwertkost nach Bruker
**6** Intuitive Ernährung
**7** Hollywood -Star -Diät
**8** ovo-lacto vegetarisch
**9** vegan
**10** Mischkost
**11** mehr Fleisch
**12** weniger Fleisch
**13** mehr Frischkost
**14** weniger Frischkost
**15** ayurvedische Diät
**16** Entsäuerungsdiät
**17** weniger Zucker
**18** weniger Salz
**19** weniger denaturierte Nahrung
**20** Fastenkur
**21** Mayr-Kur
**22** Waerlanddiät
**23** Frischmolkenkur
**24** mehr essen
**25** weniger essen
**26** mehr trinken
**27** weniger trinken
**28** Obstkur
**29** Fehler

# Nahrungsbestandteile

Ernährung - Tafel 5

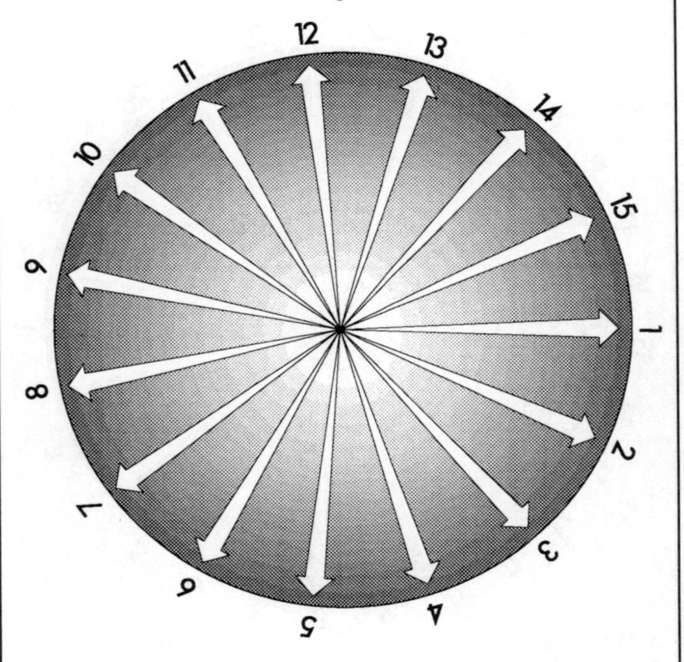


| | | | |
|---|---|---|---|
| **1** | Eiweiße | **9** | Wasser |
| **2** | Kohlenhydrate | **10** | Chlorophyll |
| **3** | Fette | **11** | Salz |
| **4** | Mineralstoffe & Spurenelemente | **12** | Säuren |
| **5** | Vitamine | **13** | Basen |
| **6** | Enzyme | **14** | Geschmacksstoffe |
| **7** | Ballaststoffe | **15** | Fehler |
| **8** | Lebensenergie | | |

# Verbesserung der energetischen Nahrungsqualität

Ernährung - Tafel 6

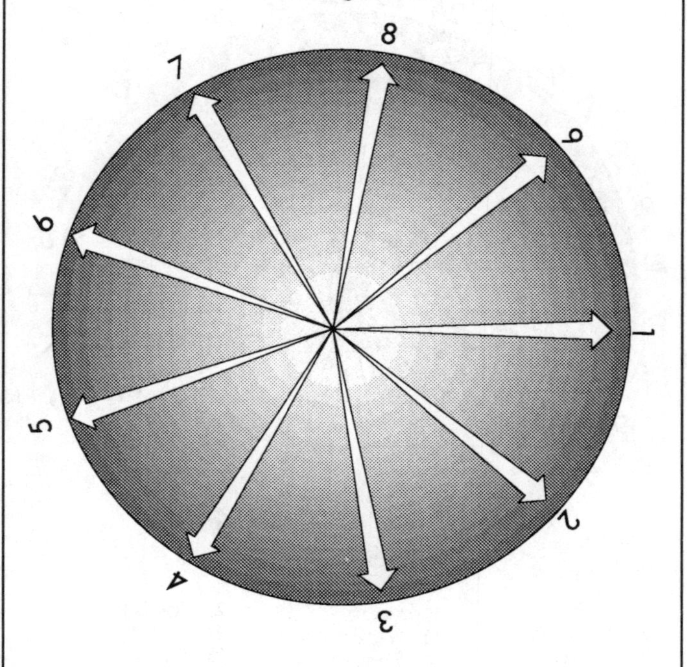


Aufladen mit:

**1** Edelsteinen
**2** Reiki
**3** Pyramidenenergie
**4** eigener Lebenskraft
**5** Farbenergie
**6** Verana © Farbfolien
**7** Segnen
**8** Danken
**9** Fehler

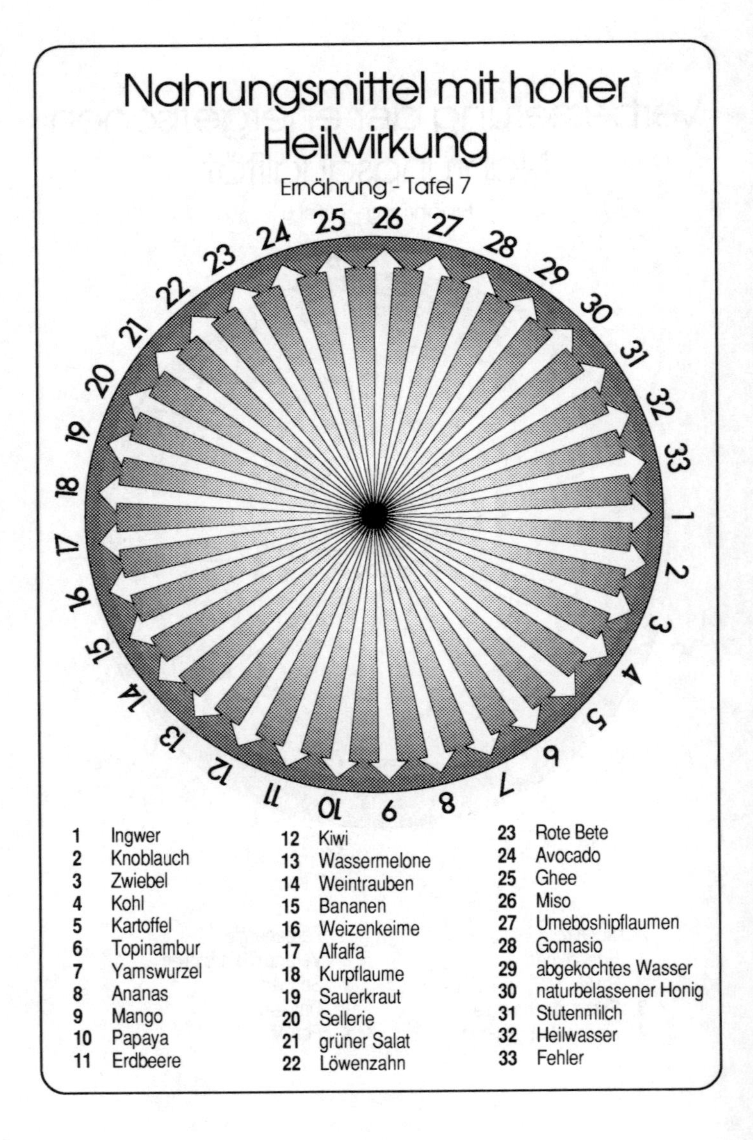
Nahrungsmittel mit hoher Heilwirkung
Ernährung - Tafel 7
1 Ingwer
2 Knoblauch
3 Zwiebel
4 Kohl
5 Kartoffel
6 Topinambur
7 Yamswurzel
8 Ananas
9 Mango
10 Papaya
11 Erdbeere
12 Kiwi
13 Wassermelone
14 Weintrauben
15 Bananen
16 Weizenkeime
17 Alfalfa
18 Kurpflaume
19 Sauerkraut
20 Sellerie
21 grüner Salat
22 Löwenzahn
23 Rote Bete
24 Avocado
25 Ghee
26 Miso
27 Umeboshipflaumen
28 Gomasio
29 abgekochtes Wasser
30 naturbelassener Honig
31 Stutenmilch
32 Heilwasser
33 Fehler

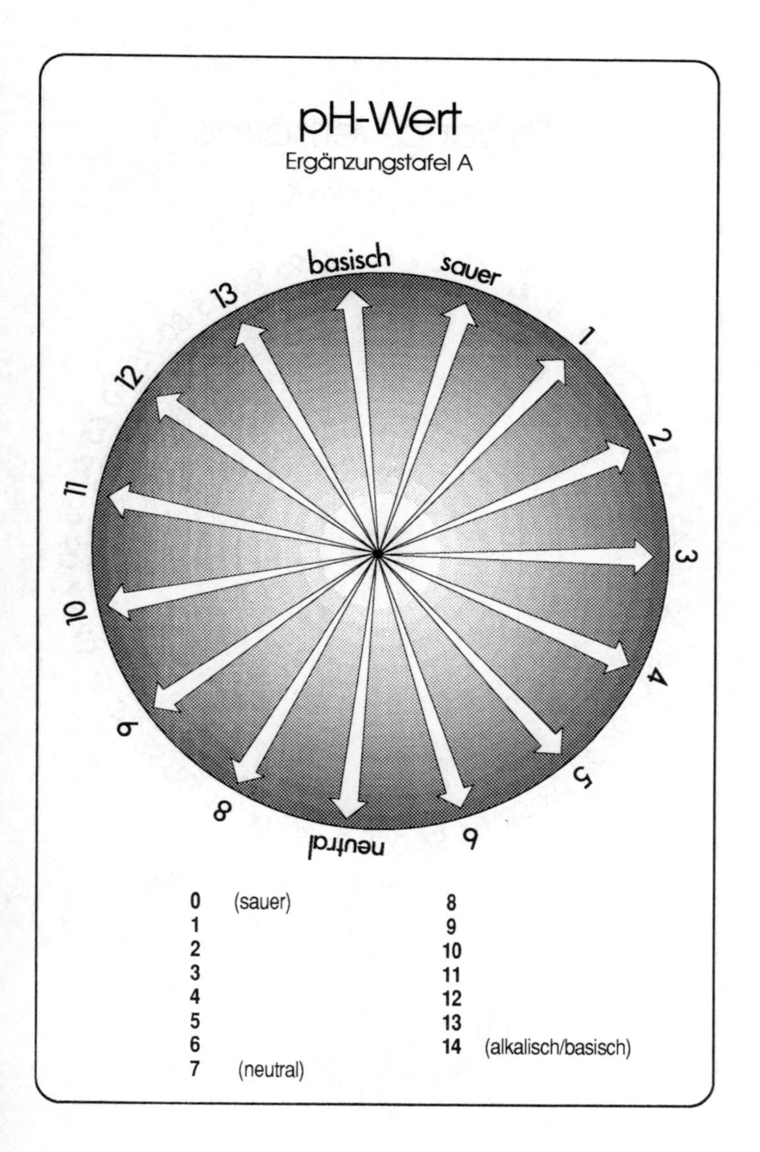
pH-Wert
Ergänzungstafel A
basisch
sauer
1
2
3
4
5
6
neutral
8
9
10
11
12
13
0 (sauer)
1
2
3
4
5
6
7 (neutral)
8
9
10
11
12
13
14 (alkalisch/basisch)

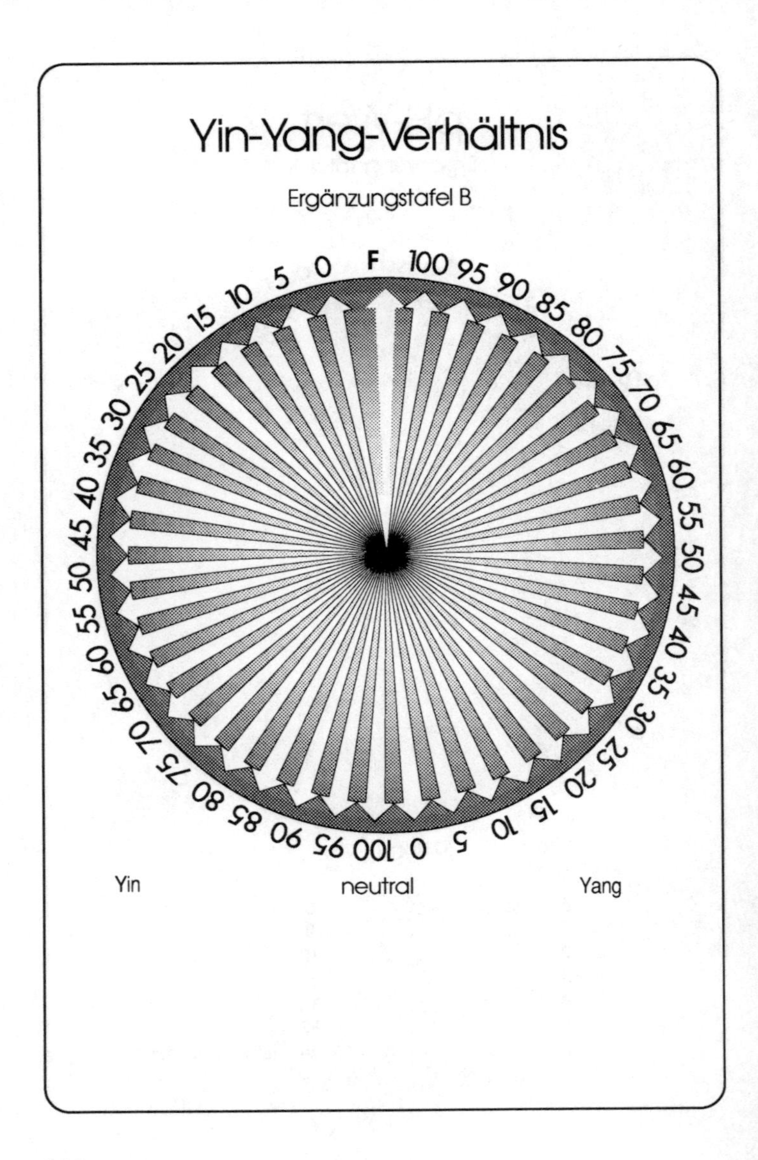
Yin-Yang-Verhältnis
Ergänzungstafel B
F
0 5 10 15 20 25 30 35 40 45 50 55 60 65 70 75 80 85 90 95 100
100 95 90 85 80 75 70 65 60 55 50 45 40 35 30 25 20 15 10 5 0
Yin
neutral
Yang

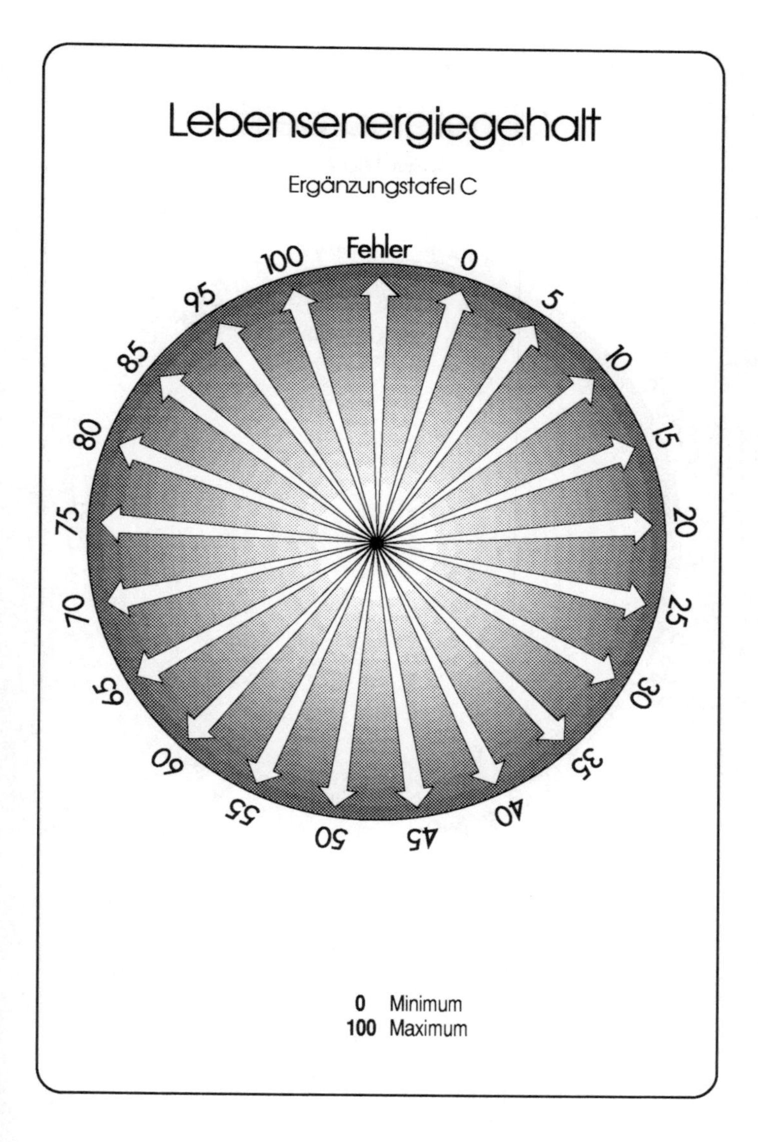
Lebensenergiegehalt
Ergänzungstafel C
Fehler
0
5
10
15
20
25
30
35
40
45
50
55
60
65
70
75
80
85
95
100
0 Minimum
100 Maximum

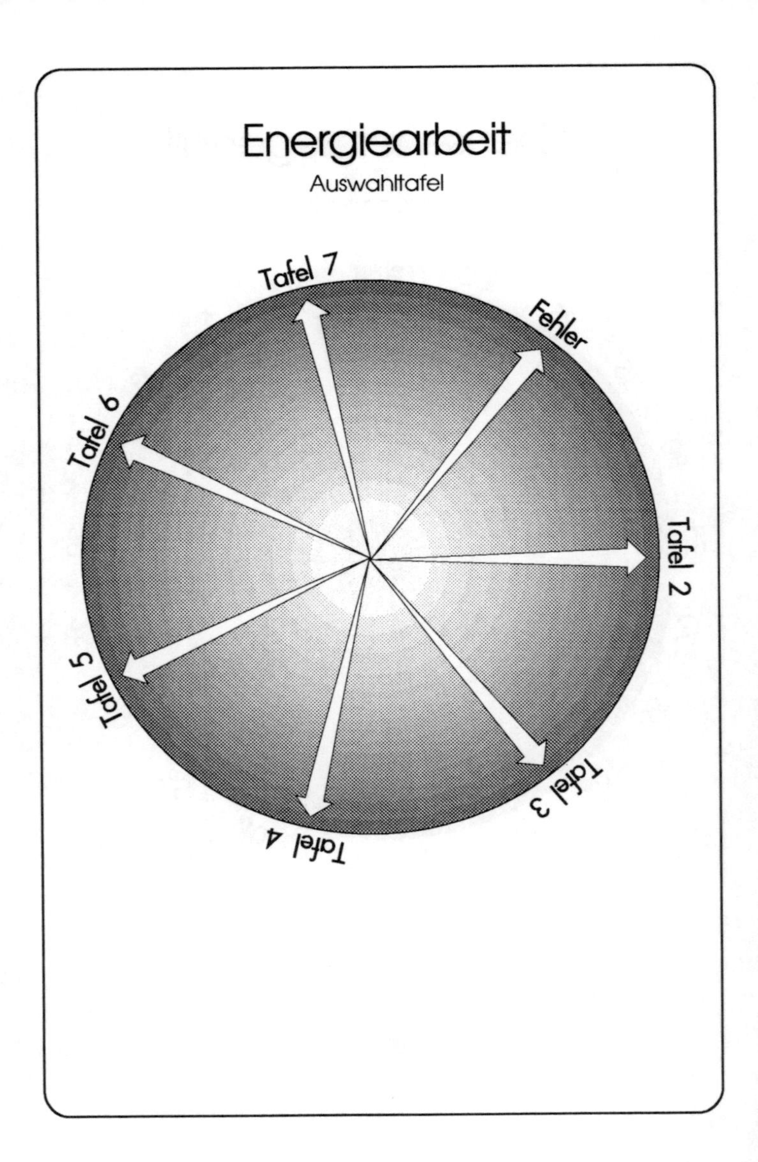
Energiearbeit
Auswahltafel
Tafel 7
Fehler
Tafel 2
Tafel 3
Tafel 4
Tafel 5
Tafel 6

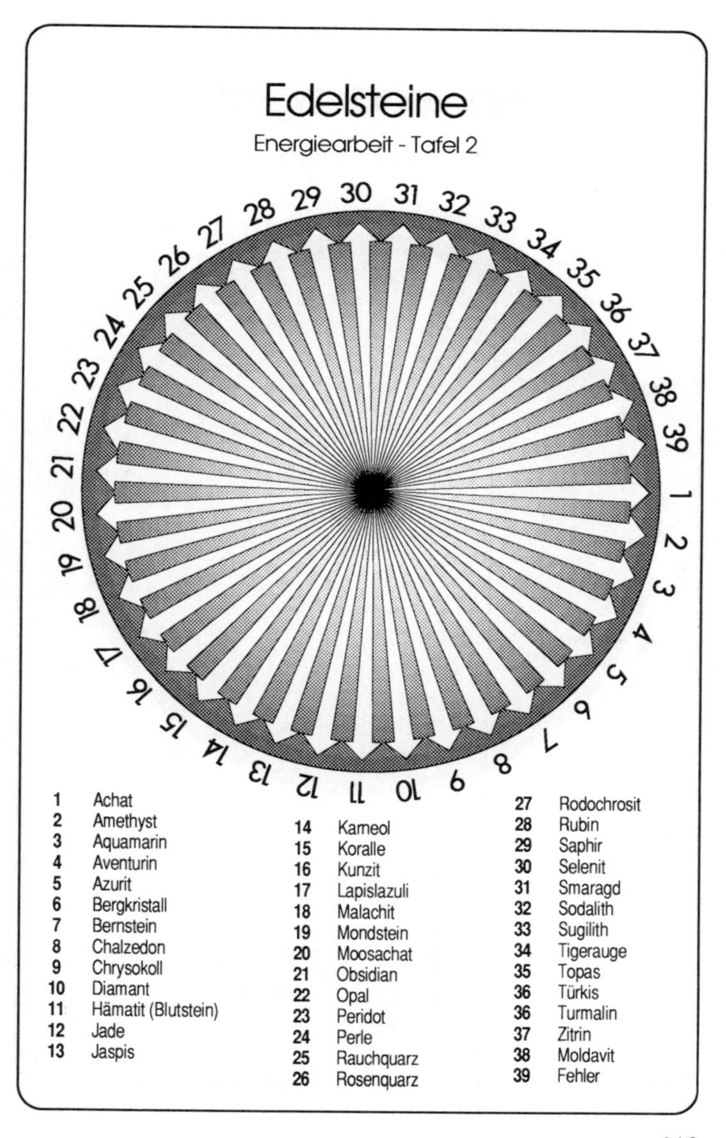
Edelsteine
Energiearbeit - Tafel 2
1 Achat
2 Amethyst
3 Aquamarin
4 Aventurin
5 Azurit
6 Bergkristall
7 Bernstein
8 Chalzedon
9 Chrysokoll
10 Diamant
11 Hämatit (Blutstein)
12 Jade
13 Jaspis
14 Karneol
15 Koralle
16 Kunzit
17 Lapislazuli
18 Malachit
19 Mondstein
20 Moosachat
21 Obsidian
22 Opal
23 Peridot
24 Perle
25 Rauchquarz
26 Rosenquarz
27 Rodochrosit
28 Rubin
29 Saphir
30 Selenit
31 Smaragd
32 Sodalith
33 Sugilith
34 Tigerauge
35 Topas
36 Türkis
36 Turmalin
37 Zitrin
38 Moldavit
39 Fehler

# Anwendungsart

Ergänzungstafel A

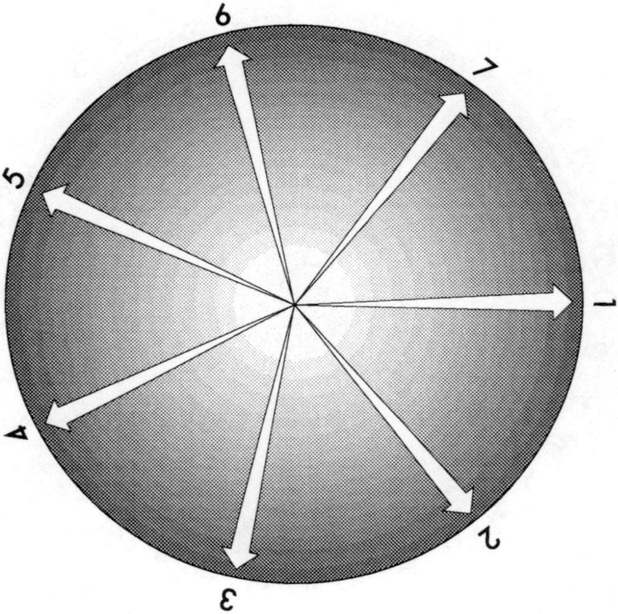

1 örtlich auflegen
2 Edelsteinmeditation
3 Heilungsmuster legen
4 Edelsteinessenz
5 am Körper tragen
6 Kontakt aufnehmen
7 Fehler

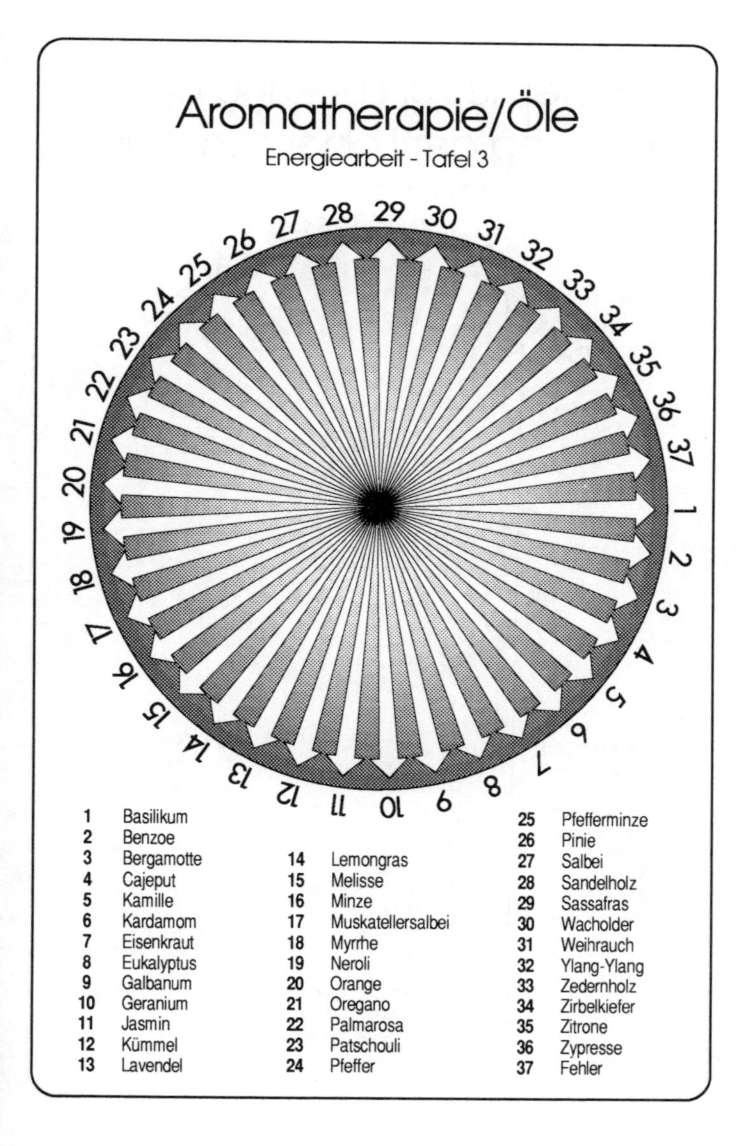
Aromatherapie/Öle
Energiearbeit - Tafel 3
1 Basilikum
2 Benzoe
3 Bergamotte
4 Cajeput
5 Kamille
6 Kardamom
7 Eisenkraut
8 Eukalyptus
9 Galbanum
10 Geranium
11 Jasmin
12 Kümmel
13 Lavendel
14 Lemongras
15 Melisse
16 Minze
17 Muskatellersalbei
18 Myrrhe
19 Neroli
20 Orange
21 Oregano
22 Palmarosa
23 Patschouli
24 Pfeffer
25 Pfefferminze
26 Pinie
27 Salbei
28 Sandelholz
29 Sassafras
30 Wacholder
31 Weihrauch
32 Ylang-Ylang
33 Zedernholz
34 Zirbelkiefer
35 Zitrone
36 Zypresse
37 Fehler

# Systeme zur Lenkung und Befreiung der Lebensenergien

Energiearbeit - Tafel 4

**1** Alexandertechnik
**2** Akupunktur
**3** Analytische Psychotherapie
**4** Atemtherapie
**5** Autogenes Training
**6** Bauchtanz
**7** Bioenergetik
**8** Core Energetik
**9** Eutonie
**10** Familientherapie
**11** Fasten
**12** Feldenkrais
**13** Feuerlauf
**14** Fußreflexzonen-massage
**15** Gestalttherapie
**16** Homöopathie
**17** Huna
**18** Hypnosetherapie
**19** Jin Shin Do
**20** Kampfsport
**21** Kinesiologie
**22** Meditatives Malen
**23** Metamorphische Methode
**24** Obertonsingen
**25** Polarity
**26** Primärtherapie
**27** Psychodrama
**28** Posturale Integration
**29** Qi Gong
**30** Rebalancing
**31** Rebirthing
**32** Reichianische Körperarbeit
**33** Reiki
**34** Reinkarnations-therapie
**35** Scan-Therapie
**36** Shiatsu
**37** Spagyrik
**38** Tai Chi Chuan
**39** Tantra
**40** Triadische Therapie
**41** Yoga
**42** Sport
**43** Fehler

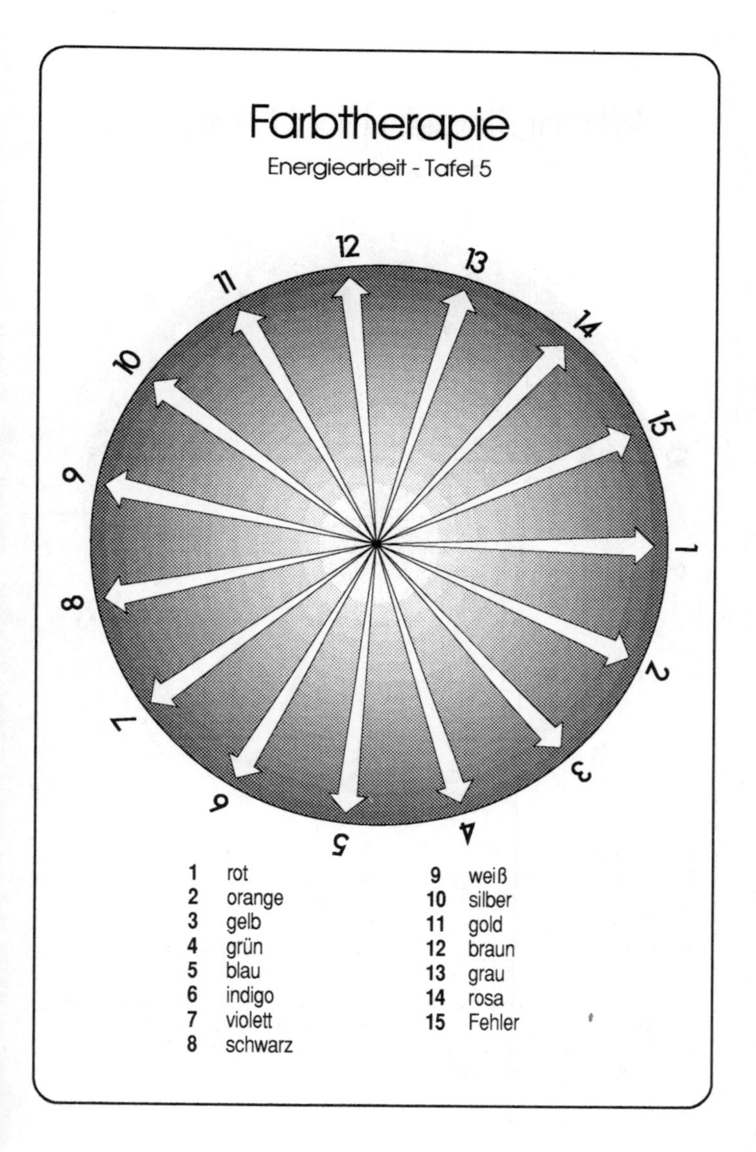
Farbtherapie
Energiearbeit - Tafel 5
12
13
14
15
1
2
3
4
5
6
7
8
9
10
11
1 rot
2 orange
3 gelb
4 grün
5 blau
6 indigo
7 violett
8 schwarz
9 weiß
10 silber
11 gold
12 braun
13 grau
14 rosa
15 Fehler

# Affirmationen und Mantren

Energiearbeit - Tafel 6

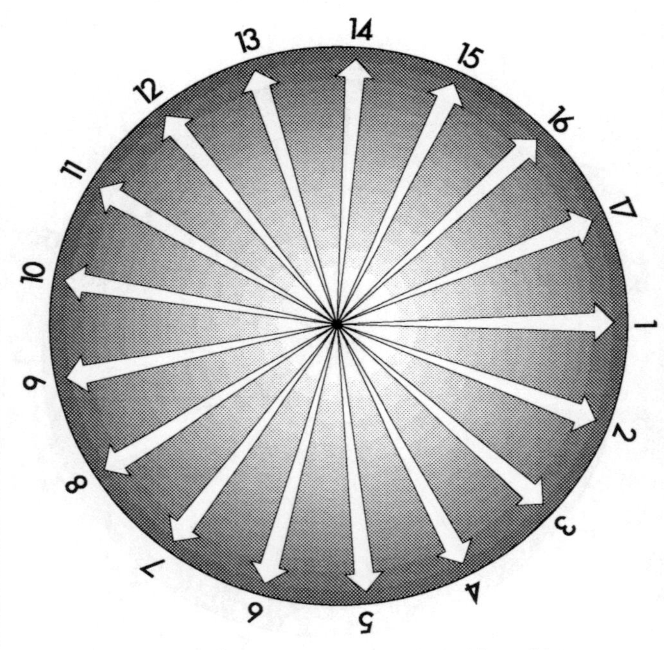


| | | | |
|---|---|---|---|
| **1** | Ich liebe mich, wie ich bin | **9** | Ich lebe im Hier und Jetzt |
| **2** | Ich gebe und nehme gern | **10** | Jesus |
| **3** | Ich bin ein lichterfülltes Geschöpf Gottes | **11** | Sonne |
| | | **12** | Mond |
| **4** | OM | **13** | OM mani padme hum |
| **5** | Amen | **14** | OM namah shivaya |
| **6** | Namu Amida Butsu | **15** | Ich bin mit allem zutiefst verbunden |
| **7** | MU | **16** | Ich bekomme zur rechten Zeit alles, was ich brauche |
| **8** | Mit dem Strom des Lebens fließe ich glücklich dahin | **17** | Fehler |

# Meditation

Energiearbeit - Tafel 7

| | | | |
|---|---|---|---|
| **1** | Chakrameditation | **10** | Mandala Meditation |
| **2** | Drei-Strahlen-Meditation | **11** | Meridianmeditation |
| **3** | Dunkelheitsmeditation | **12** | Nadabrahma |
| **4** | Dynamische Meditation | **13** | Runenmeditation |
| **5** | Edelsteinmeditation | **14** | Transzendentale Meditation |
| **6** | Kirtan | **15** | Vipassana |
| **7** | Kundalini Meditation | **16** | Zazen |
| **8** | Latihan | **17** | Fehler |
| **9** | Licht Meditation | | |

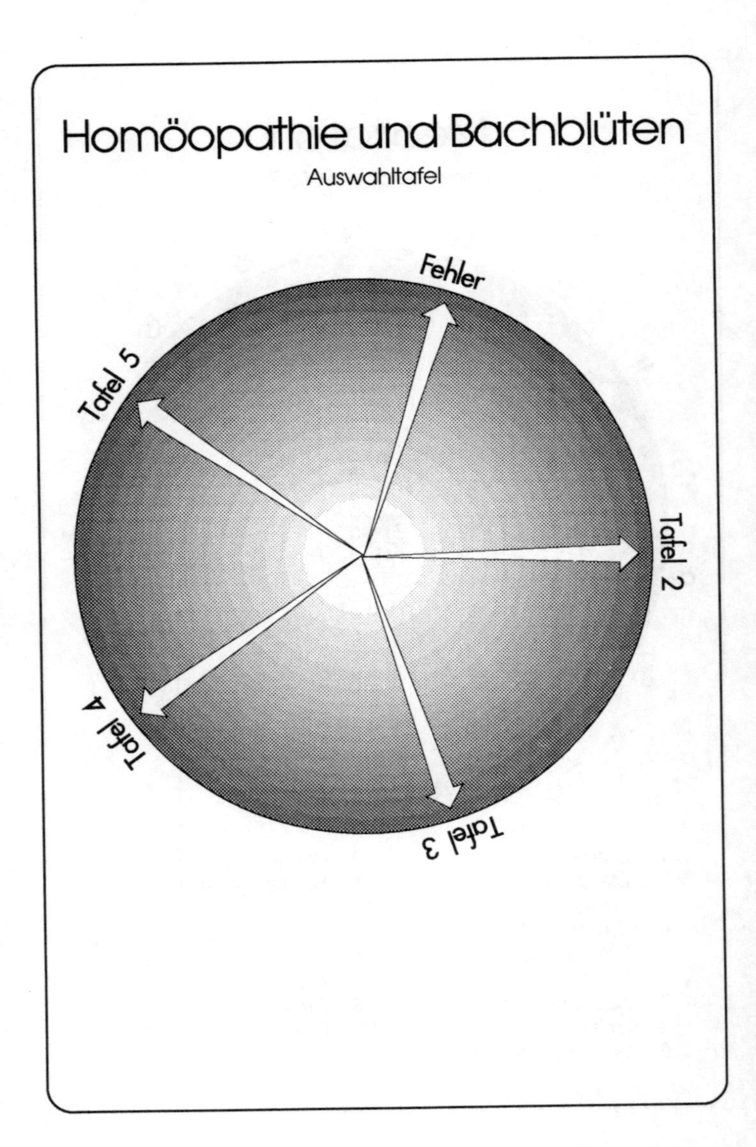
Homöopathie und Bachblüten
Auswahltafel
Fehler
Tafel 2
Tafel 3
Tafel 4
Tafel 5

# Bachblüten

## Homöopathie und Bachblüten - Tafel 2

| | | | | | |
|---|---|---|---|---|---|
| 1 | Rock Rose | | | | |
| 2 | Mimulus | 16 | White Chestnut | 30 | Star of Bethlehem |
| 3 | Cherry Plum | 17 | Mustard | 31 | Willow |
| 4 | Aspen | 18 | Chestnut Bud | 32 | Oak |
| 5 | Red Chestnut | 19 | Water Violet | 33 | Crab Apple |
| 6 | Cerato | 20 | Impatiens | 34 | Chicory |
| 7 | Scleranthus | 21 | Heather | 35 | Vervain |
| 8 | Gentian | 22 | Agrimony | 36 | Vine |
| 9 | Gorse | 23 | Centaury | 37 | Beech |
| 10 | Hornbeam | 24 | Walnut | 38 | Rock Water |
| 11 | Wild Oat | 25 | Holly | 39 | Rescue Remedy |
| 12 | Clematis | 26 | Larch | 40 | Kalifornische Essenzen |
| 13 | Honeysuckle | 27 | Pine | 41 | Perelandra Essenzen |
| 14 | Wild Rose | 28 | Elm | 42 | Edelstein Essenzen |
| 15 | Olive | 29 | Sweet Chestnut | 43 | Fehler |

# Schüssler Salze

Homöopathie und Bachblüten - Tafel 3

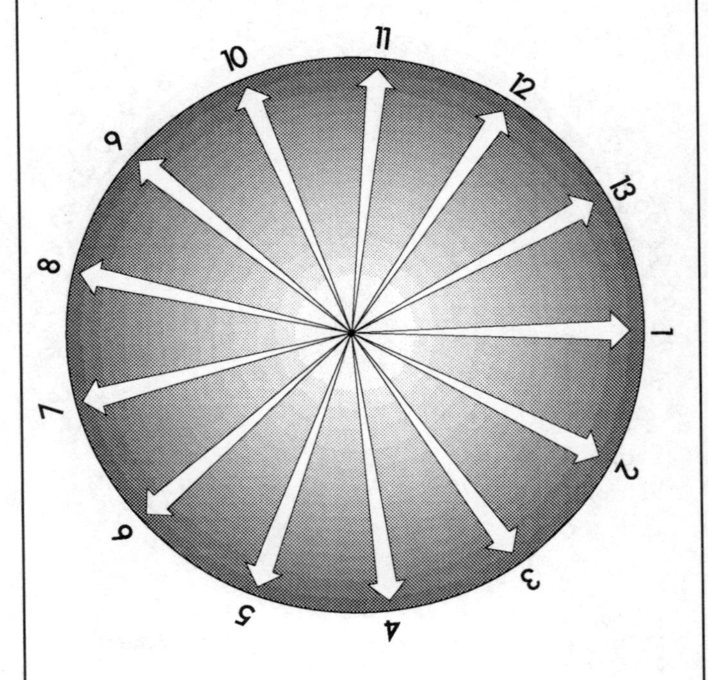


| | | | |
|---|---|---|---|
| **1** | Ferrum phosphoricum | **8** | Kalium chloratum |
| **2** | Kalium phosphoricum | **9** | Silicea |
| **3** | Natrium phosphoricum | **10** | Calcium fluoratum |
| **4** | Calcium phosphoricum | **11** | Natrium muriaticum |
| **5** | Magnesium phosphoricum | **12** | Calcium sulfuricum |
| **6** | Kalium sulfuricum | **13** | Fehler |
| **7** | Natrium sulfuricum | | |

# Biochemische Ergänzungsmittel

Homöopathie und Bachblüten - Tafel 4

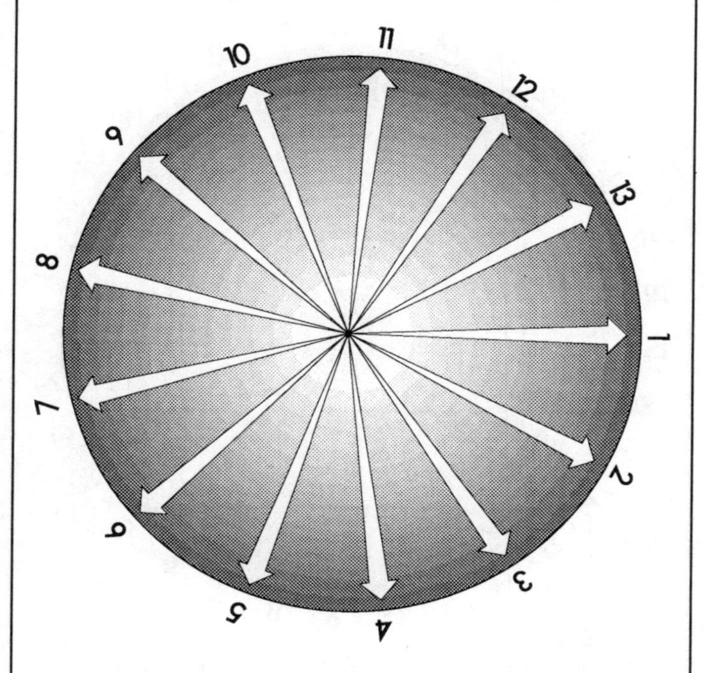


**1** Arsenum jodatum
**2** Natrium bicarbonicum
**3** Calcium carbonicum
**4** Zineum chloratum
**5** Kalium aluminium-sulfuricum
**6** Cuprum arsenicosum
**7** Calcium sulfuratum
**8** Manganum sulfuricum
**9** Lithium chloratum
**10** Kalium jodatum
**11** Kalium bromatum
**12** Kalium arsenicosum
**13** Fehler

# Homöopathische Hausapotheke

Homöopathie und Bachblüten - Tafel 5

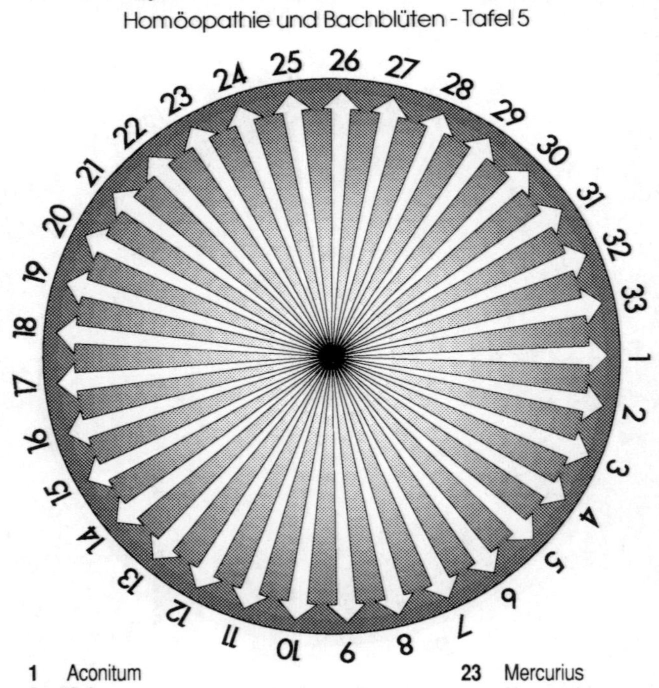


1 Aconitum
2 Apis
3 Arnica
4 Avena sativa
5 Belladonna
6 Bryonia
7 Cactus
8 Cantharis
9 Carbo vegetabilis
10 Caulophyllum
11 Chamomilla
12 Chelidonium
13 Cimicifuga
14 Clematis
15 Coffea
16 Crataegus
17 Drosera
18 Echinacea
19 Gelsemium
20 Ipecacuanha
21 Lachesis
22 Ledum
23 Mercurius
24 Nux vomica
25 Pulsatilla
26 Rhus tox.
27 Selenium
28 Sepia
29 Spigelia
30 Sulfur
31 Veratrum alb.
32 Zincum val.
33 Fehler

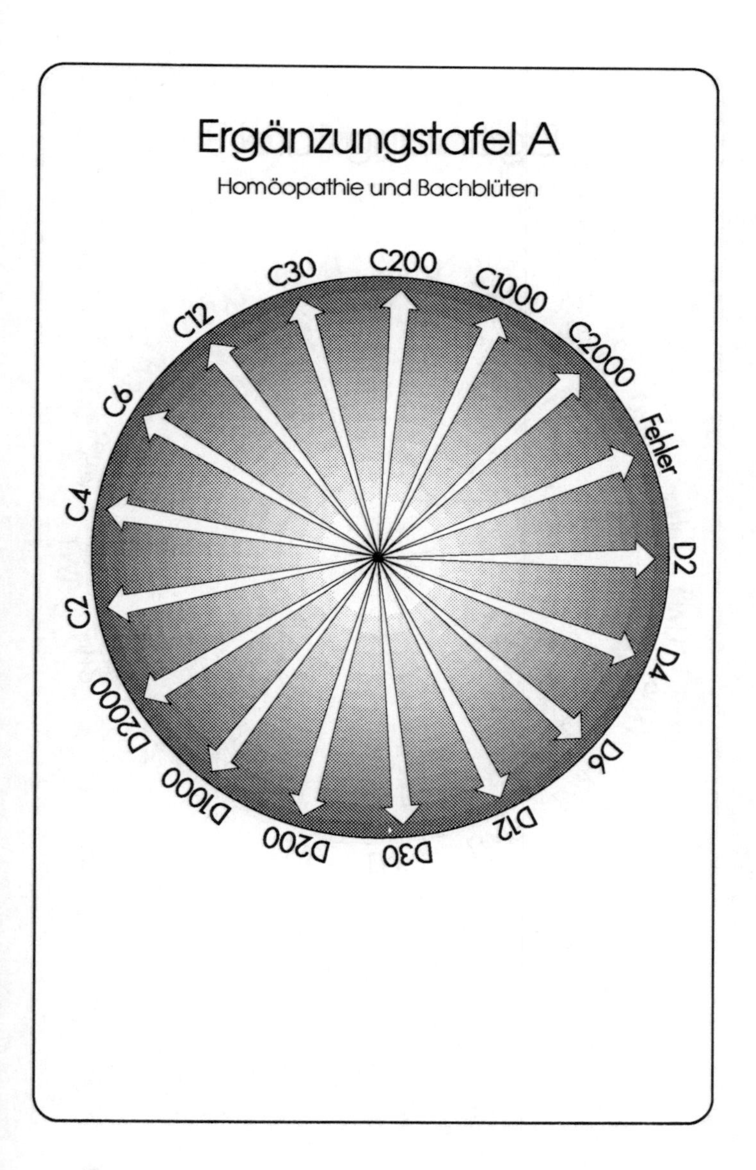

Ergänzungstafel A
Homöopathie und Bachblüten
C200
C1000
C2000
Fehler
D2
D4
D6
D12
D30
D200
D1000
D2000
C2
C4
C6
C12
C30

# Ergänzungstafel B

Homöopathie und Bachblüten

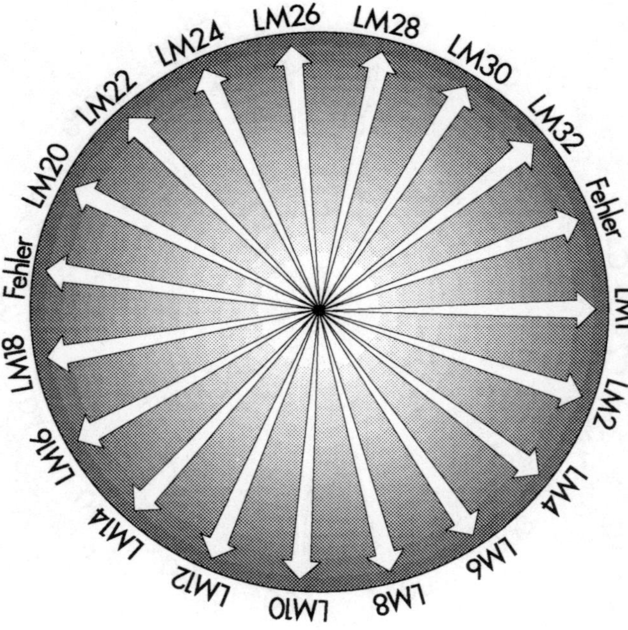

LM26
LM28
LM30
LM32
Fehler
LM1
LM2
LM4
LM6
LM8
LM10
LM12
LM14
LM16
LM18
Fehler
LM20
LM22
LM24

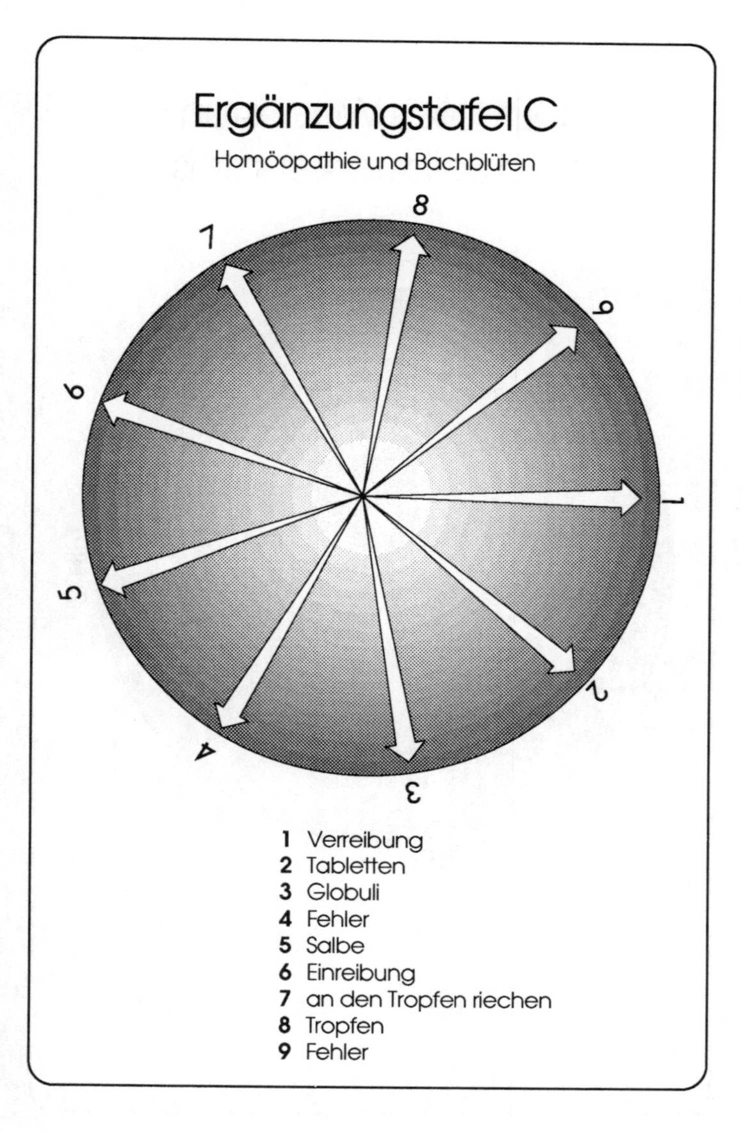

Ergänzungstafel C
Homöopathie und Bachblüten
8
7
9
6
1
5
2
4
3
1 Verreibung
2 Tabletten
3 Globuli
4 Fehler
5 Salbe
6 Einreibung
7 an den Tropfen riechen
8 Tropfen
9 Fehler

# Spirituelles Wachstum und Selbsterkenntnis

Auswahltafel

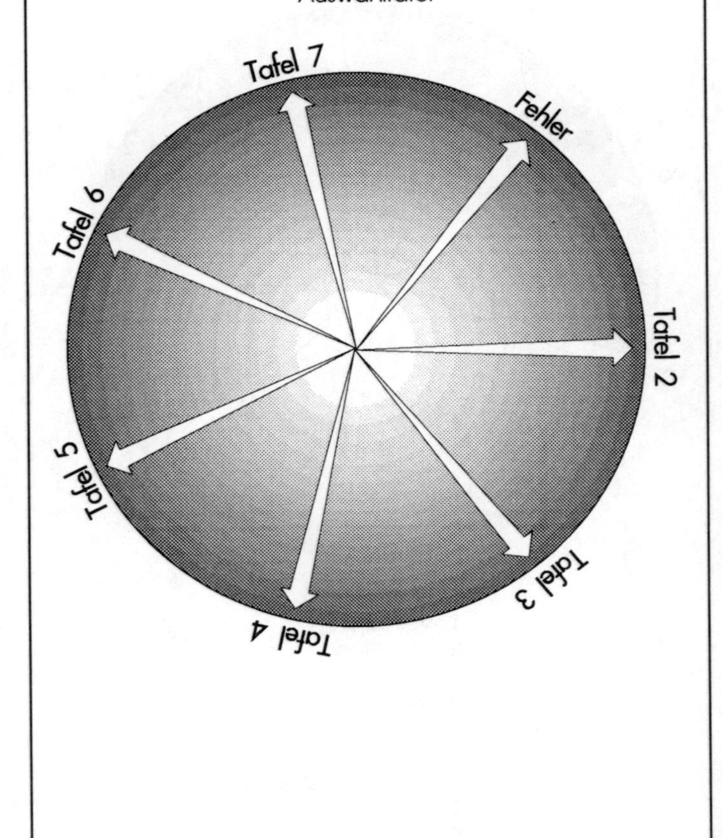

# Hauptchakren

Spirituelles Wachstum und Selbsterkenntnis - Tafel 2

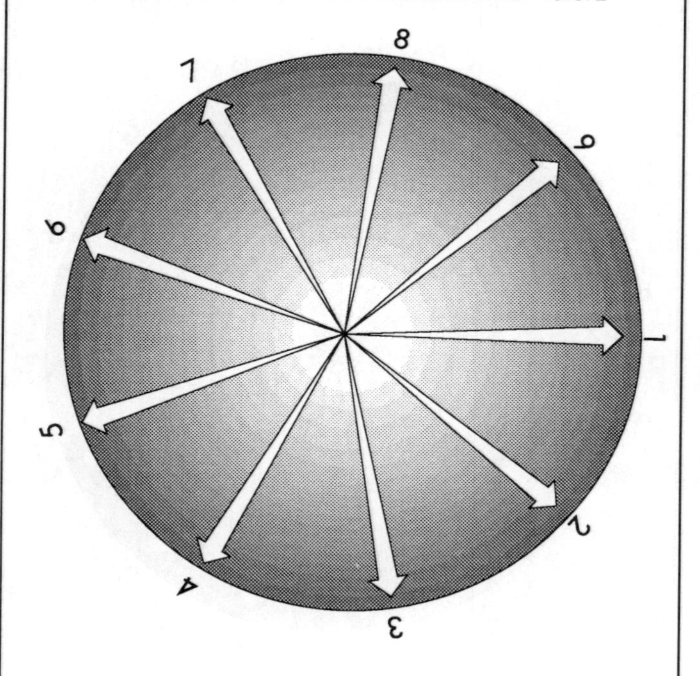


**1** Wurzelchakra
**2** Sexualchakra
**3** Solarplexuschakra
**4** Herzchakra
**5** Halschakra
**6** Stirn-Chakra
**7** Kronenchakra
**8** Nebenchakren
**9** Fehler

# Meridiane

Spirituelles Wachstum und Selbsterkenntnis - Tafel 3

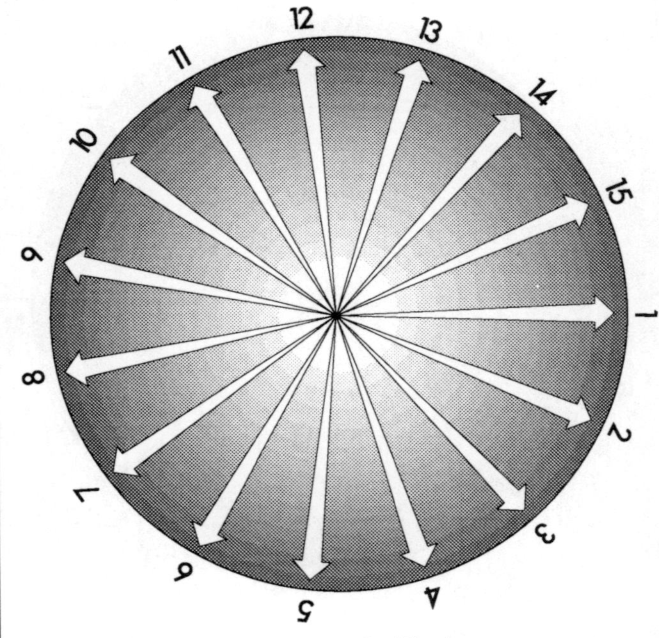


| | | | |
|---|---|---|---|
| **1** | Leber | **9** | Dünndarm |
| **2** | Herz | **10** | Magen |
| **3** | Milz/Pankreas | **11** | Dickdarm |
| **4** | Lungen | **12** | Dreifacher Erwärmer |
| **5** | Nieren | **13** | Konzeptionsmeridian |
| **6** | Kreislauf/Sexus | **14** | Gouverneursmeridian |
| **7** | Fehler | **15** | Fehler |
| **8** | Gallenblase | | |

# Aurafelder

Spirituelles Wachstum und Selbsterkenntnis - Tafel 4

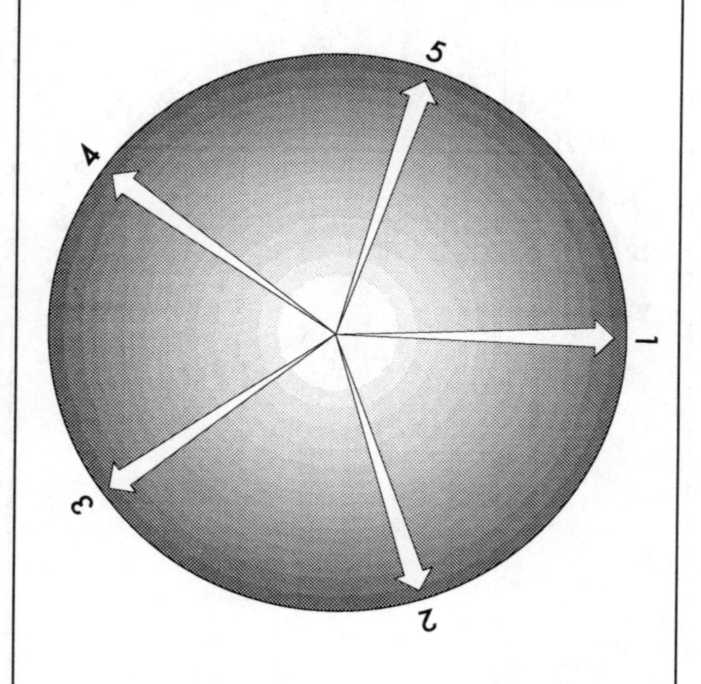


**1** Ätherkörper
**2** Emotionalkörper
**3** Mentalkörper
**4** Spiritueller Körper
**5** Fehler

# Wege

Spirituelles Wachstum und Selbsterkenntnis - Tafel 5

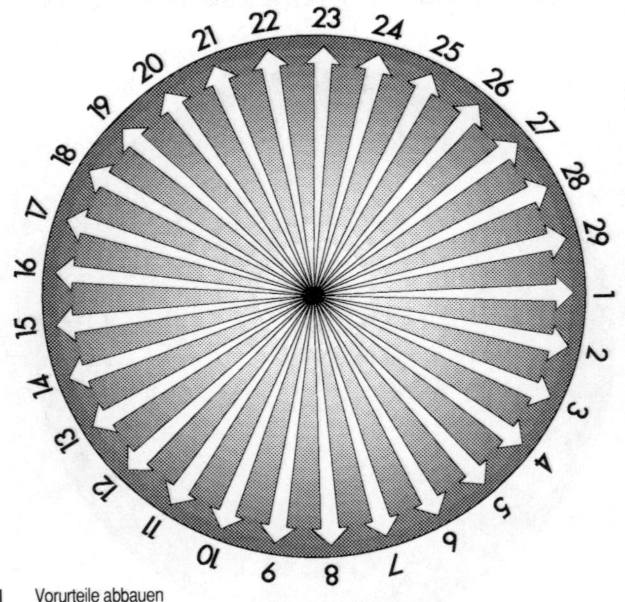


**1** Vorurteile abbauen
**2** Liebe leben
**3** Macht sinnvoll gebrauchen
**4** beten
**5** Dankbarkeit lernen
**6** Lebenslust annehmen
**7** im Hier und Jetzt leben
**8** Deinen Körper lieben
**9** Deine Gefühle lieben
**10** Gott im anderen sehen
**11** denken lernen
**12** fühlen lernen
**13** dienen
**14** herrschen
**15** eine Aufgabe übernehmen
**16** sinnvoll arbeiten
**17** Beziehungen eingehen
**18** loslassen
**19** verzeihen
**20** abgrenzen
**21** annehmen
**22** teilen
**23** sei, wie Du bist
**24** den Inneren Lehrer annehmen
**25** einen äußeren Lehrer annehmen
**26** Verbindung mit dem Inneren Kind aufnehmen
**27** Verbindung mit dem Hohen Selbst aufnehmen
**28** in die Einsamkeit gehen
**29** Fehler

# Traumdeutung

Spirituelles Wachstum und Selbsterkenntnis - Tafel 6

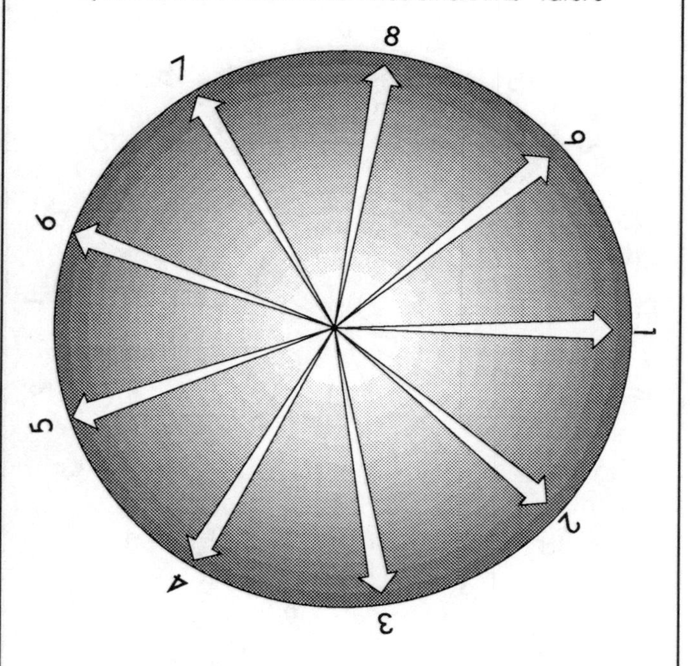


| | | | |
|---|---|---|---|
| **1** | zukünftige Ereignisse | **6** | Erfahrungsvorbereitung |
| **2** | belanglos | **7** | Erkenntnis |
| **3** | vergangene Ereignisse | **8** | Erfahrungsverarbeitung |
| **4** | Du bist Dein Traum | **9** | Fehler |
| **5** | mentaler Kontakt | | |

# Orakel und Wegweiser

Spirituelles Wachstum und Selbsterkenntnis - Tafel 7

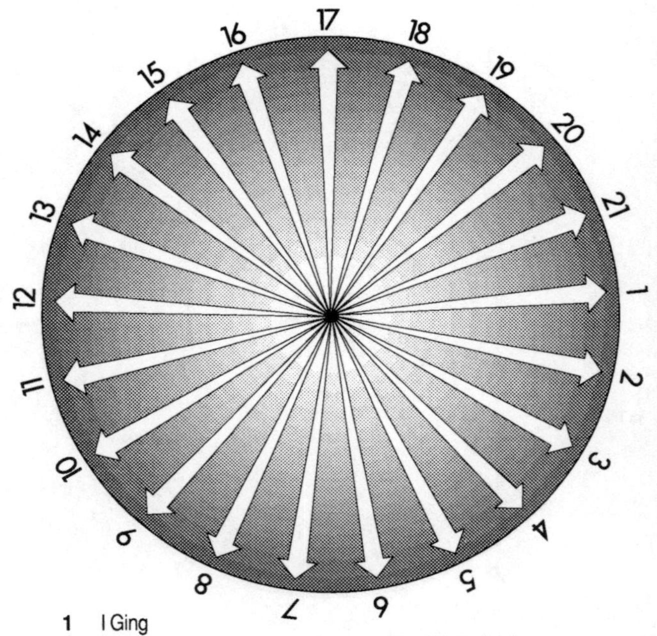


**1** I Ging
**2** Runen
**3** OH-Karten
**4** Karten der Kraft
**5** Tarot
**6** Numerologie
**7** Karten legen (Skatblatt)
**8** Pendel
**9** Channel
**10** Hellseher
**11** Astrologie
**12** Erkenntnistrance
**13** Kristallkugelschau
**14** Spiegelschau
**15** Handlinienlesen
**16** Klarträumen
**17** Biorhythmus
**18** der Intuition vertrauen
**19** einen Lehrer fragen
**20** Lenormand
**21** Fehler

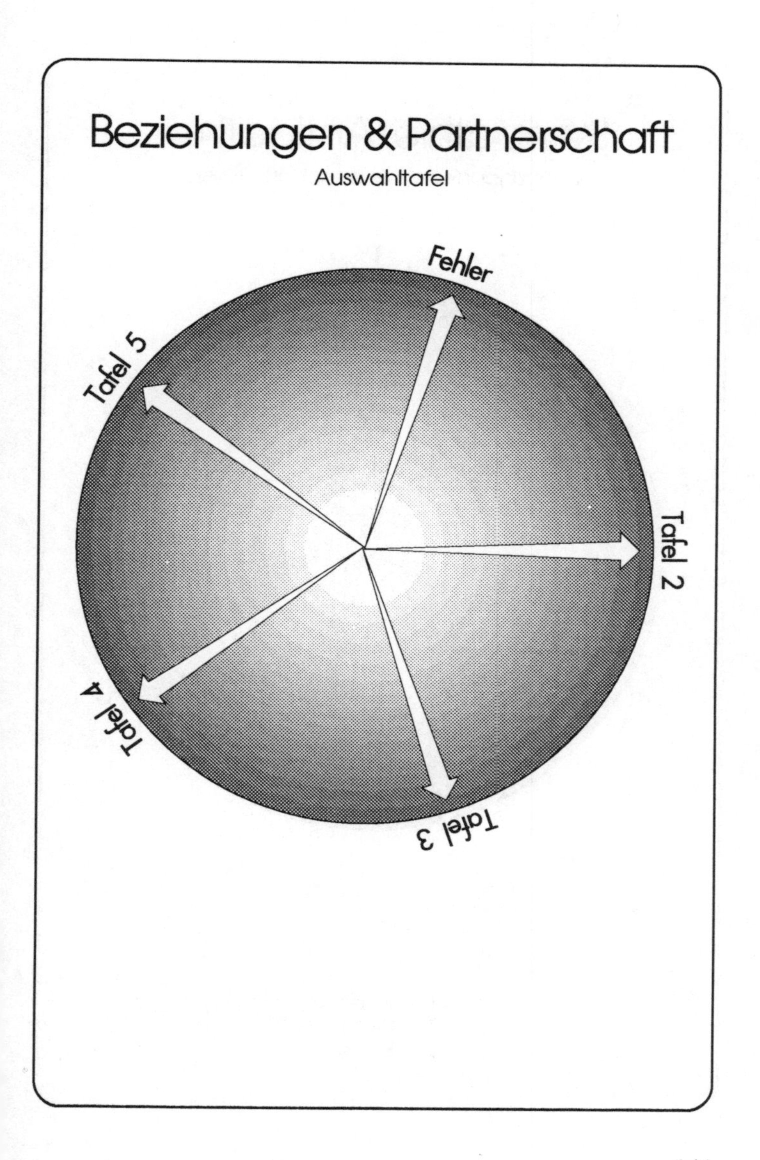
Beziehungen & Partnerschaft
Auswahltafel
Fehler
Tafel 5
Tafel 2
Tafel 4
Tafel 3

# Sympathie/Antipathie

Beziehungen und Partnerschaft - Tafel 2

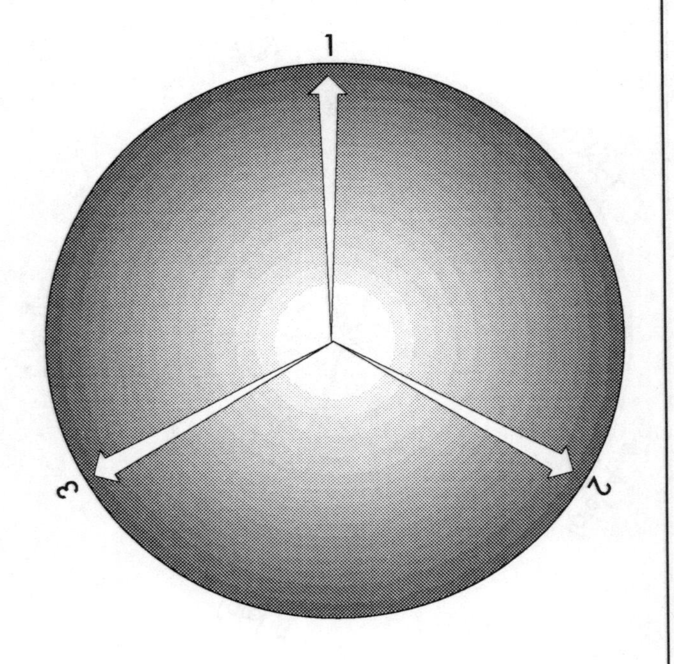


**1** Antipathie
**2** Neutral
**3** Sympathie

# Was ist das Thema der Beziehung ?

Beziehungen und Partnerschaft - Tafel 3

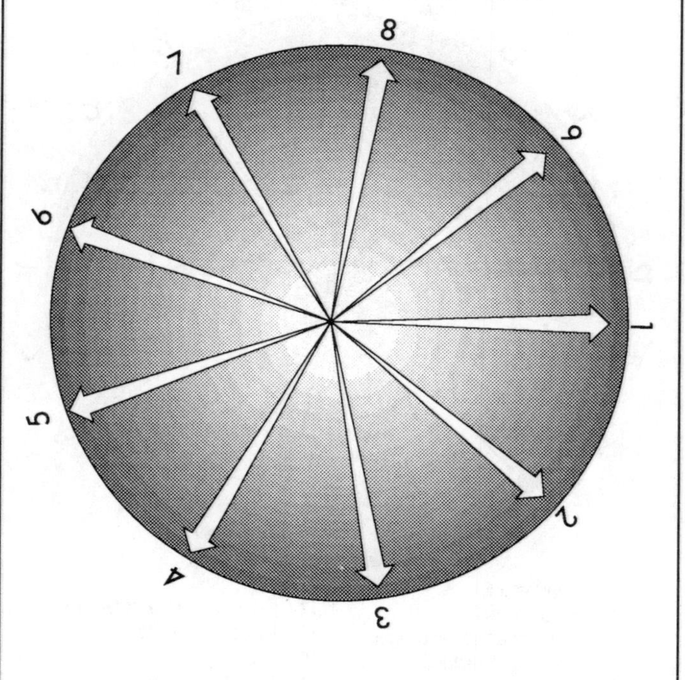


| | | | |
|---|---|---|---|
| **1** | Arbeit | **6** | Sex |
| **2** | Liebe | **7** | Respekt |
| **3** | Sicherheit | **8** | Abenteuer |
| **4** | Fassade | **9** | Fehler |
| **5** | Lernen | | |

# Beziehungsschwierigkeiten auflösen

Beziehungen und Partnerschaft - Tafel 4

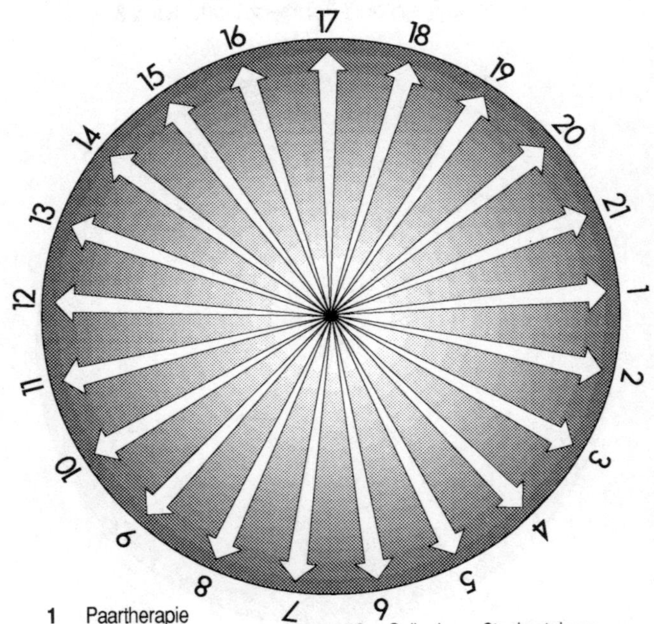


1 Paartherapie
2 Einzeltherapie
3 Gemeinsamkeiten pflegen
4 mehr Zeit füreinander
5 umwerben
6 abgrenzen
7 loslassen
8 mehr Sex
9 weniger Sex
10 abwechslungsreicher Sex
11 mehr Erotik
12 Selbstbewußtsein steigern
13 konstruktiv streiten lernen
14 trennen
15 zusammen leben
16 gemeinsamer Urlaub
17 getrennter Urlaub
18 Treue
19 den anderen respektieren
20 lieben lernen
21 Fehler

# Belastungen der Partnerschaft/ Fähigkeit zur Partnerschaft

Beziehungen und Partnerschaft - Tafel 5

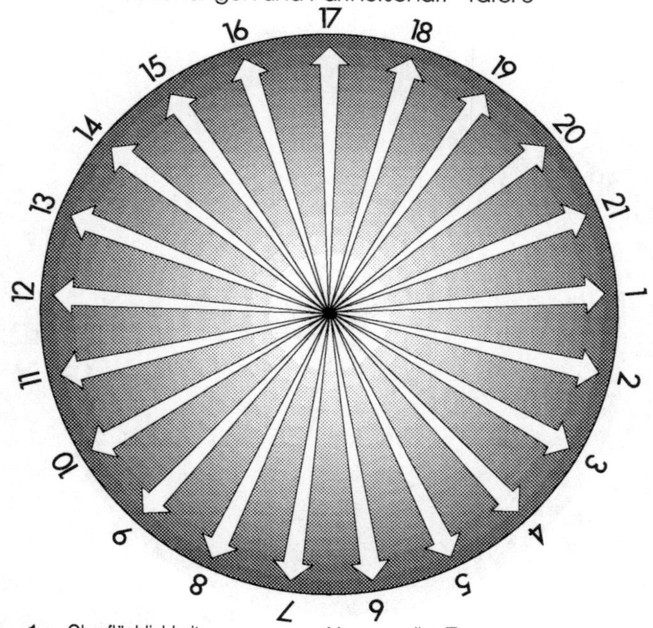


| | | | |
|---|---|---|---|
| **1** | Oberflächlichkeit | **11** | sexuelles Trauma |
| **2** | materielles Interesse | **12** | Näheängste |
| **3** | Vater-Projektionen | **13** | Kleinlichkeit |
| **4** | Mutter-Projektionen | **14** | mangelnde Anpassungsfähigkeit |
| **5** | Überarbeitung | **15** | Wohnsituation |
| **6** | Kinderwunsch | **16** | zu viele Hobbies |
| **7** | Abneigung gegen Kinder | **17** | zu wenig gemeinsame Interessen |
| **8** | Angst vor fester Bindung | **18** | zu wenig Zeit füreinander |
| **9** | Einschränkung der Freiheit des anderen | **19** | fehlende erotische Atmosphäre |
| | | **20** | Stolz |
| **10** | die Beziehung zur Familie | **21** | Fehler |

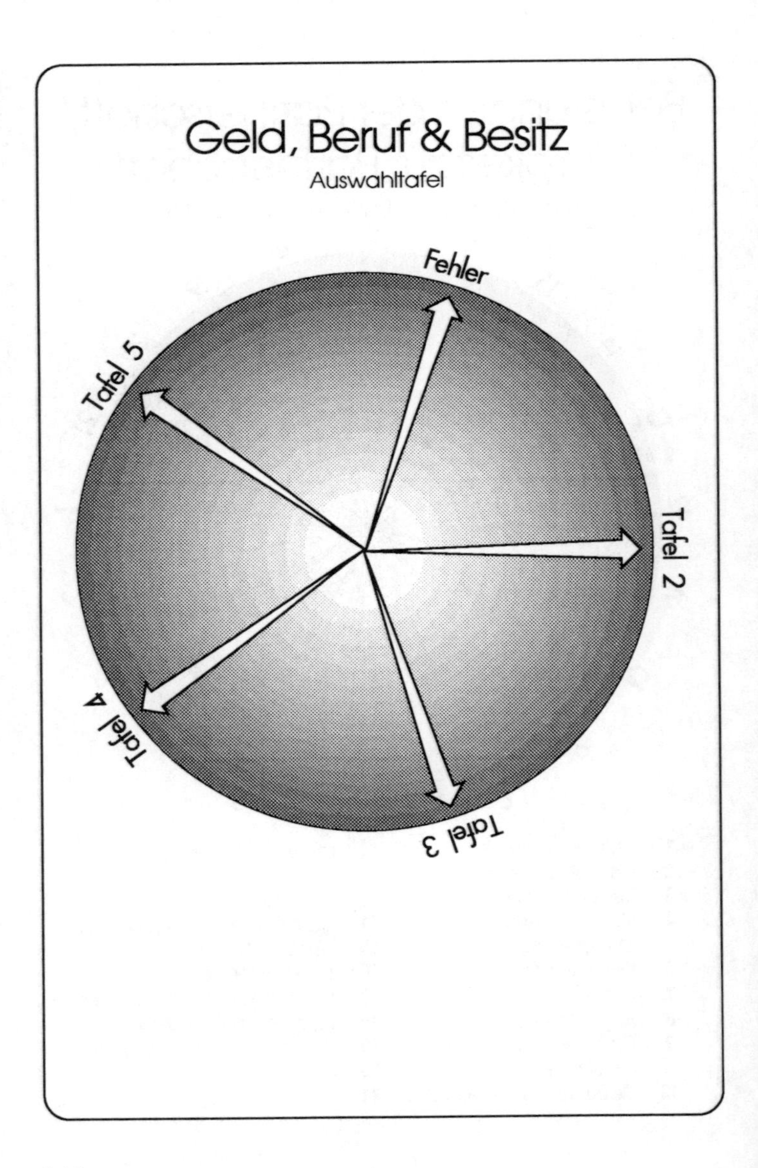
Geld, Beruf & Besitz
Auswahltafel
Fehler
Tafel 2
Tafel 3
Tafel 4
Tafel 5

# Beruf

Geld, Beruf und Besitz - Tafel 2

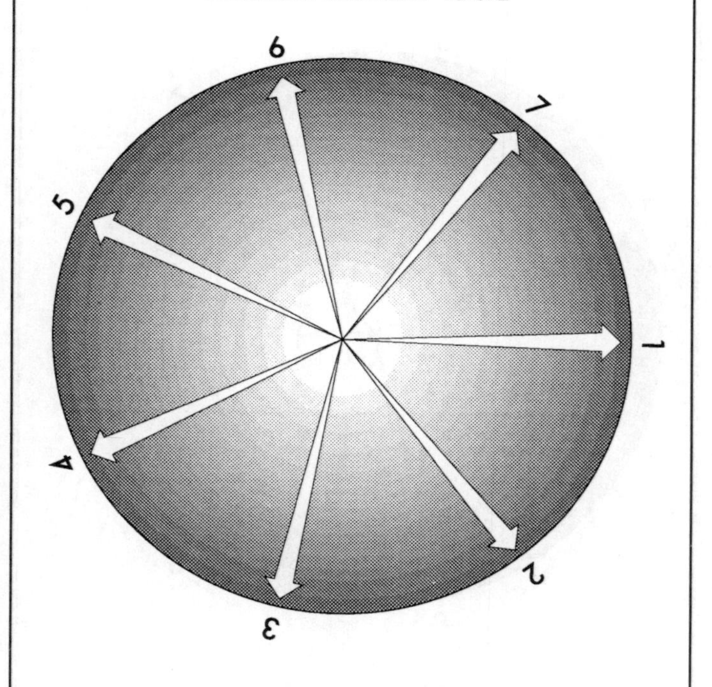


**1** Beruf wechseln
**2** Arbeitsstelle wechseln
**3** Arbeitseinstellung ändern
**4** Fortbildung
**5** den Sinn der Arbeit annehmen
**6** Nebentätigkeit annehmen
**7** Fehler

# Besitz

Geld, Beruf und Besitz - Tafel 3

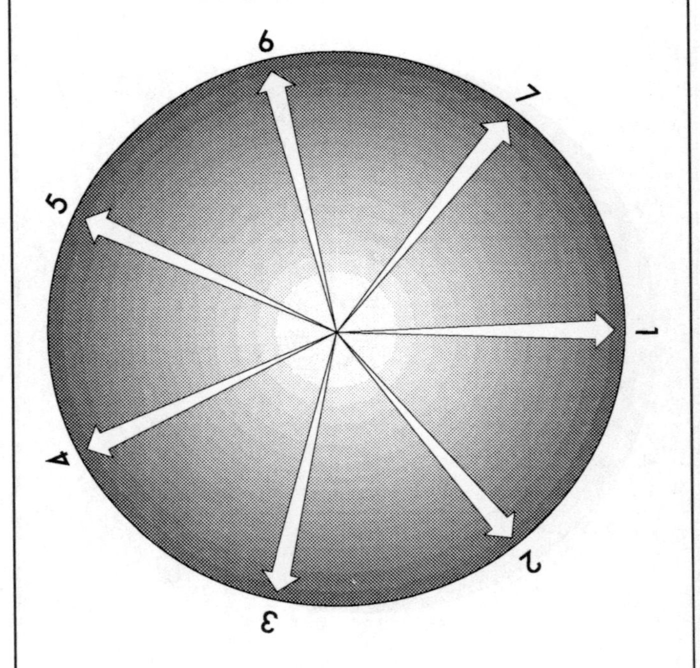


**1** den Sinn von Besitz verstehen
**2** Besitz annehmen
**3** Besitz loslassen
**4** Besitz teilen
**5** Besitz verteidigen
**6** Besitz pflegen
**7** Fehler

# Geld

Geld, Beruf und Besitz - Tafel 4

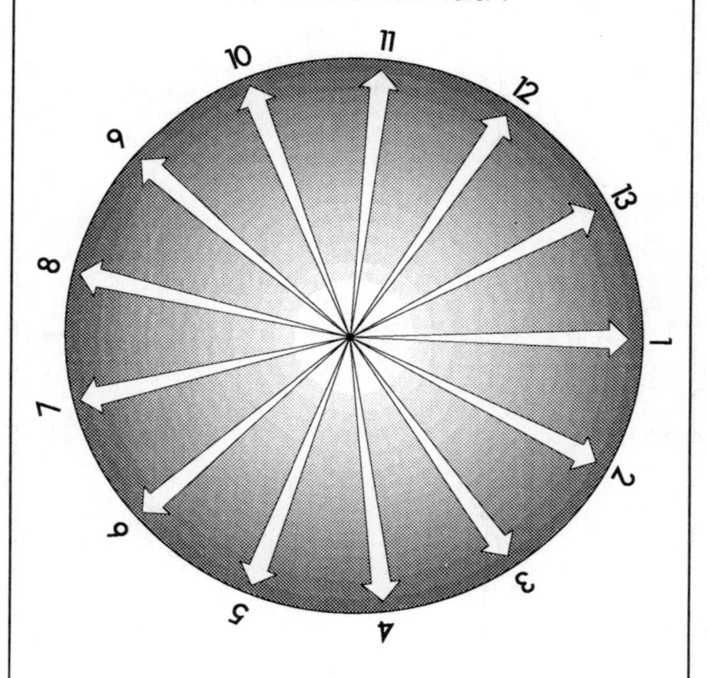


**1** den Sinn von Geld verstehen
**2** Geld fließen lassen
**3** Geld sinnvoll nutzen
**4** Geld für Dich nutzen
**5** Geld verschenken
**6** Geld annehmen lernen
**7** Geld sammeln
**8** Geld verdienen
**9** neue Verdienstmöglichkeiten annehmen
**10** den Sinn von Reichtum verstehen
**11** den Sinn von Armut verstehen
**12** Geld ausgeben
**13** Fehler

# Geldprobleme lösen

Geld, Beruf und Besitz - Tafel 5

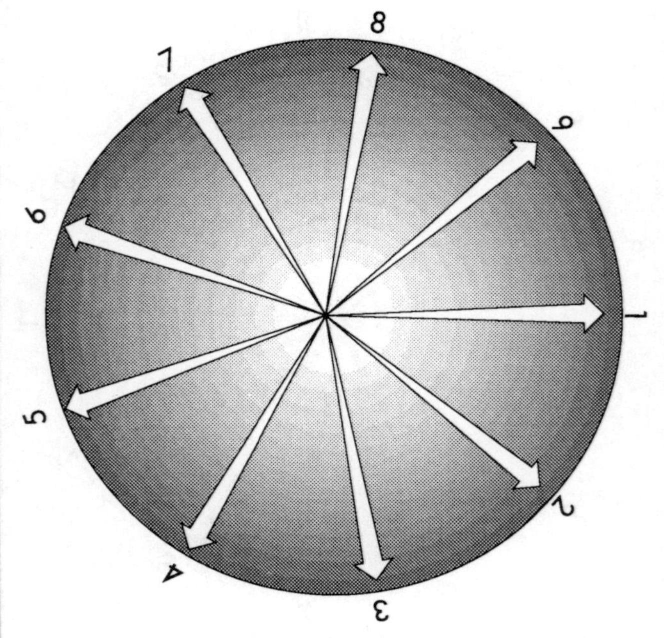


**1** Geld annehmen lernen
**2** Gier auflösen
**3** neue Wege annehmen
**4** mit wenig Geld leben lernen
**5** Geld verdienen lernen
**6** Eigenverantwortung übernehmen lernen
**7** Verantwortung abgeben lernen
**8** Geld einteilen lernen
**9** Fehler

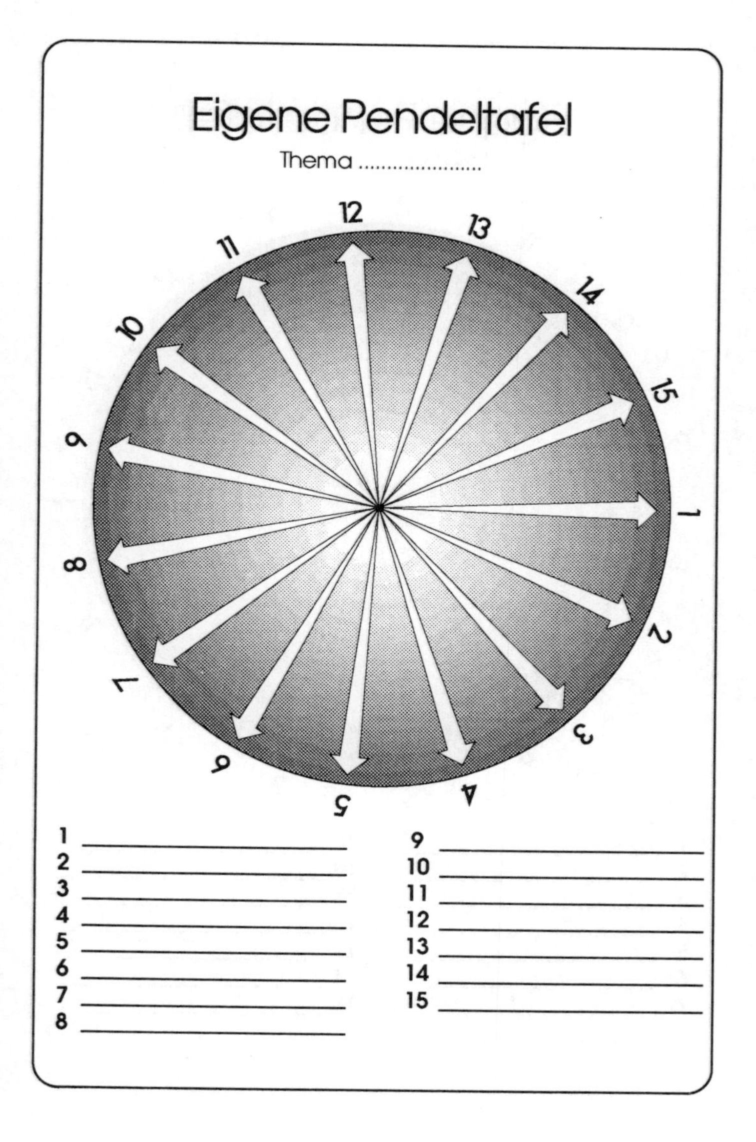
Eigene Pendeltafel
Thema ......................
12
13
14
15
1
2
3
4
5
6
7
8
9
10
11
1
2
3
4
5
6
7
8
9
10
11
12
13
14
15

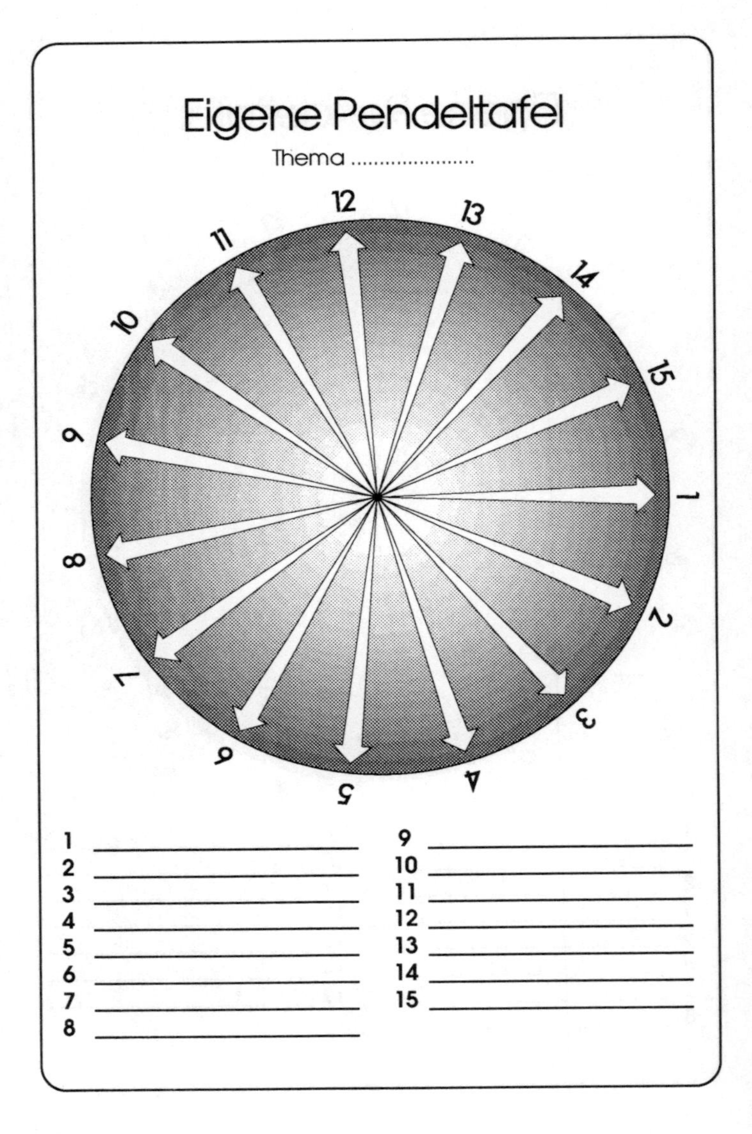

Eigene Pendeltafel
Thema ......................
12
13
14
15
1
2
3
4
5
6
7
8
9
10
11
1
2
3
4
5
6
7
8
9
10
11
12
13
14
15

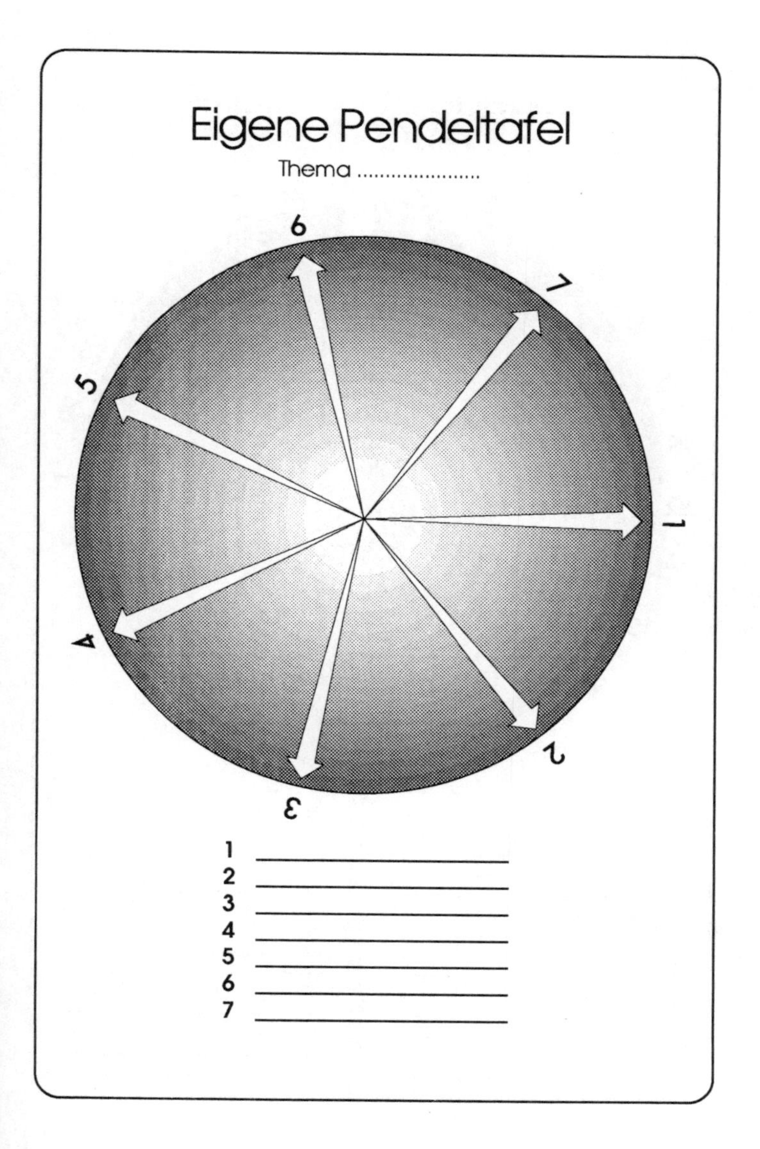
Eigene Pendeltafel
Thema ......................
6
7
5
1
4
2
3
1
2
3
4
5
6
7

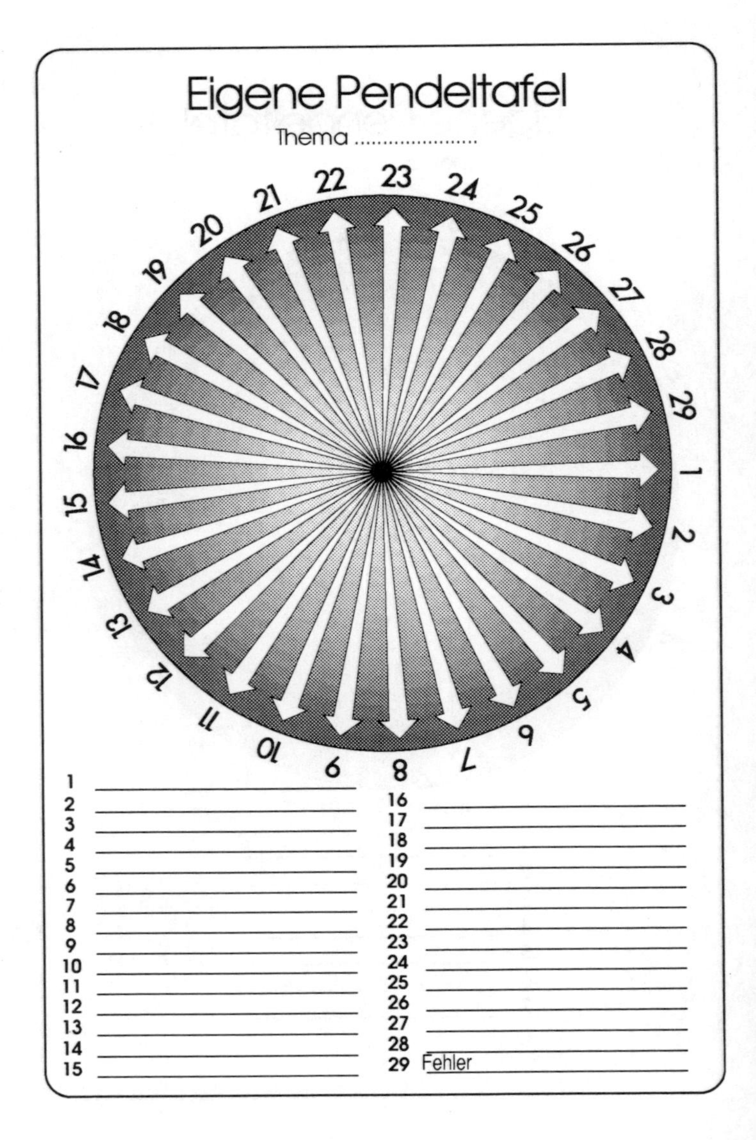
Eigene Pendeltafel
Thema ......................
1
2
3
4
5
6
7
8
9
10
11
12
13
14
15
16
17
18
19
20
21
22
23
24
25
26
27
28
29
1
2
3
4
5
6
7
8
9
10
11
12
13
14
15
16
17
18
19
20
21
22
23
24
25
26
27
28
29 Fehler

# Eigene Pendeltafel

Thema ........................

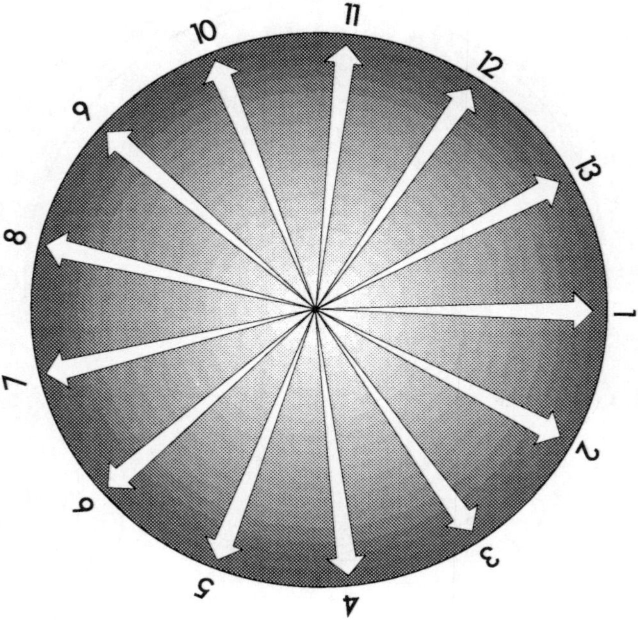

11 12 13 1 2 3 4 5 6 7 8 9 10

1 ____________________

2 ____________________

3 ____________________

4 ____________________

5 ____________________

6 ____________________

7 ____________________

8 ____________________

9 ____________________

10 ____________________

11 ____________________

12 ____________________

13 Fehler ____________________

Eigene Pendeltafel

# Thema:

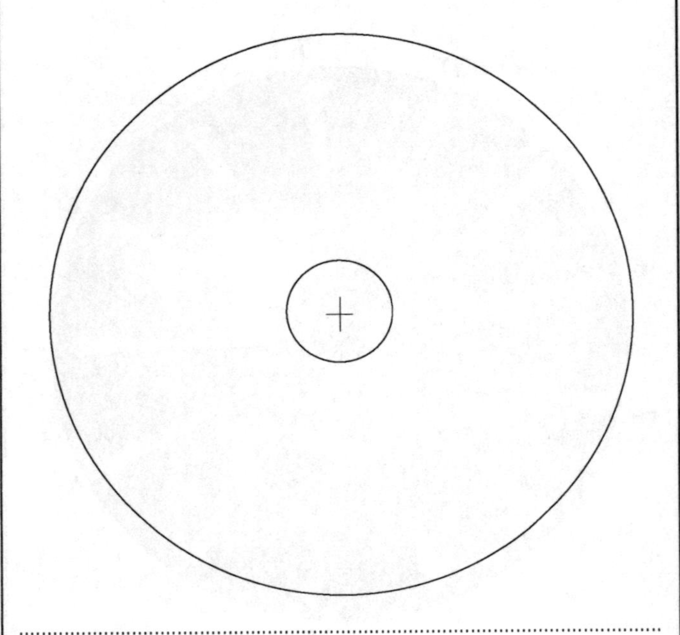

.......................................................................................................

Bemerkungen

Walter Lübeck

## Das Aura Heilbuch

**Die Aura lesen und deuten lernen · Energiefelder farbig sehen und zur ganzheitlichen Heilung einsetzen**

Jeder Mensch hat eine Aura, eine Art farbiges Energiefeld, das seinen Körper umgibt und seinen augenblicklichen Gesamtzustand widerspiegelt. Gefühle, Schmerz, Liebe oder Leid und gesundheitliche Störungen verändern die Aura und geben dem, der sie zu „lesen" versteht, wichtige Aufschlüsse über seine Mitmenschen und die Möglichkeiten der Heilung oder der positiven Einwirkung.
Walter Lübecks Buch ist eine Schritt-für-Schritt-Anleitung, die den Leser über die Sensibilisierung für feinstoffliche Schwingungen zum Aurasehen führt.

288 Seiten, ISBN 3-89385-082-1
www.windpferd.com

Walter Lübeck

## Die Chakra-Energie Karten

**Heilende Worte für Körper, Geist und Seele · Besonders geeignet für die Verwendung im Zusammenhang mit Aromatherapie, Bachblüten, Heilsteinen und Reiki**

Die Chakra-Energie-Karten sind heilende Worte für Körper, Geist und Seele. Das Set enthält 156 Karten mit Affirmationen und Siegeln sowie ein Anleitungsbuch. Zu jeder Affirmation ist mindestens ein Hinweis auf einen besonderen Heilstein, eine passende Duftessenz und eine Bachblüte gegeben. Die Verwendung der farbenvollen Karten im Zusammenhang mit Aroma- und Bachblütentherapie, Edelstein-Anwendungen und Reiki ist ausführlich beschrieben. Die Karten unterstützen jede Form von spiritueller Heilungsarbeit.

**Buch und Karten im Set**
192 Seiten + 156 Energiekarten
in Buchbox · ISBN 3-89385-374-X ·
www.windpferd.com

Alexander Gosztonyi

## Anatomie der Seele

Jeder Mensch, der innerlich erwacht, wird eines Tages den Wunsch haben, bewusst zu leben. Er wird wissen wollen, was Sinn und Ziel seines Lebens sind, und fragen, wie er den Sinn seines Lebens erfüllen und seinem Ziel näher kommen kann.
Es ist seine Seele, die um den Sinn weiß und ihn zu seinem Ziel führt. Sie ist wissend und zur Führung des Menschen fähig, weil sie ein Funke aus Gott: ein Teilchen von Gottes Seele ist.
Jede Seele ist ein „Gedanke" Gottes. Der Sinn der menschlichen Existenz besteht darin, einen bestimmten „Gedanken" Gottes in der irdischen Welt: im Laufe der inneren Entwicklung zu verwirklichen.

Hardcover mit Schutzumschlag
716 Seiten · 3-89385-401-0
www.windpferd.de

Alexander Gosztonyi

## Das Vaterunser

**Die spirituelle Entwicklung des Menschen vor dem Hintergrund der Reinkarnation**

Dieses Buch vermittelt uns: Gott ist anders. Er stellt den Menschen nicht auf die Probe, er straft nicht, er zwingt nicht, er fordert nicht, was der Mensch nicht leisten könnte. Er liebt. Gott umfasst alles, was es gibt, und er umfasst alles mit Liebe. Darum ist alles sinnvoll.
Der Mensch ist anders. Er ist ein Wesen, das bereits eine sehr lange Vergangenheit hinter sich hat, und er ist ein Wesen, das eine sehr lange Zukunft vor sich hat. Er ist heute das, was er war, und er ist heute schon das, was er sein wird.
Der Mensch entwickelt sich und er wird vollkommen werden. Darum ist alles sinnvoll, was vorhanden ist. Alles ist sinnvoll, was geschieht. Denn alles führt zu Gott.

Hardcover mit Schutzumschlag
406 Seiten · 3-89385-402-9
www.windpferd.de

Walter Lübeck, Frank Arjava Petter und William Lee Rand

## Das Reiki-Kompendium

**Von der Tradition bis zur Gegenwart – Dr. Mikao Usui, Chujiro Hajashi, Grundlagen, Übertragungslinien, Originalschriften, Meisterschaft, Symbole, Behandlungen, Reiki als spiritueller Lebensweg u. v. m.**

Ein Lehrbuch, das konzentriert und umfassend über sämtliche bedeutungsvollen Aspekte des Reiki berichtet, neueste Erkenntnisse und Entwicklungen ebenso mit einbezieht wie traditionelles Wissen – das alles findet sich in diesem Kompendium. Angefangen mit Definitionen über Reiki-Vereinigungen, -Traditionen, -Vertreter wie Usui, Hajashi, Takata u.v.a.., Lehrmethoden, Anwendungstechniken und Symbole wie das Reiki-Kanji, reichen die Themen bis hin zu neuesten Wiederentdeckungen japanischer Heiltechniken. Über 150 Fotos bislang unveröffentlichter Heiltechniken runden dieses umfassende Reiki-Lehrbuch ab.
320 Seiten · ISBN 3-89385-340-5
www.windpferd.com

Walter Lübeck

## Rainbow Reiki

**Neue Techniken zur Erweiterung des Reiki-Systems um kraftvolle spirituelle Fähigkeiten**

Rainbow-Reiki ist ein erprobtes System komplexer Energiearbeit. Grundlage von Rainbow-Reiki, einer gelungenen Kombination alter und neuer Methoden, ist das Usui-System des Reiki.
Rainbow-Reiki erweitert das Usui-Reiki-System um hochwirksame Techniken der Energiearbeit und gibt Möglichkeiten zur direkten Zusammenarbeit mit feinstofflichen Wesen beziehungsweise Lehrern. Die Herstellung von Reiki-Essenzen ist ebenso Teil des Systems wie geführte Aura- und Chakra-Arbeit, der Umgang mit Kraftplätzen, auch die Schaffung neuer eigener Kraftplätze mittels Reiki-Mandalas gehört dazu.

240 Seiten, ISBN 3-89385-125-9
www.windpferd.com